Hatier

SOMMAIRE

CHECK LIST

OBSERVER

Analyse spectrale

OK ☑

Spectroscopie : de l'UV à l'infrarouge

1 Comprendre le principe de la spectroscopie ☐ 5
2 Exploiter un spectre UV-visible ☐ 7
3 Identifier les bandes d'absorption d'un spectre infrarouge ☐ 9
4 Exploiter un spectre infrarouge ☐ 11
5 QUIZ express ☐ 13

La RMN du proton

6 Identifier des signaux de RMN ☐ 15
7 Interpréter l'allure des signaux ☐ 17
8 Exploiter un spectre RMN ☐ 19
9 QUIZ express ☐ 21

COMPRENDRE

Temps et évolution chimique

OK ☐

10 Suivre l'évolution temporelle d'une transformation lente ☐ 23
11 Accélérer ou ralentir une transformation chimique ☐ 25
12 Catalyser une transformation ☐ 27
13 QUIZ express ☐ 29

Structure de la matière

OK ☐

Stéréoisomérie

14 Représenter des molécules ☐ 31
15 Distinguer des stéréoisomères ☐ 33
16 Identifier une molécule chirale ☐ 35
17 Comprendre les propriétés biologiques des stéréoisomères ☐ 37
18 QUIZ express ☐ 39

Groupes caractéristiques et nomenclature

19 Repérer un groupe caractéristique ☐ 41
20 Connaître les règles de nomenclature (1) ☒ 43
21 Connaître les règles de nomenclature (2) ☒ 45
22 QUIZ express ☐ 47

Transformation de la matière — OK ☐

Transformation en chimie organique

23 Identifier les sites donneur et accepteur d'électrons ☐ 49
24 Connaître les grandes catégories de réactions chimiques ☐ 51
25 QUIZ express ☐ 53

Réaction chimique par échange de protons

26 Déterminer le caractère acide ou basique d'une solution ☒ 55
27 Calculer le pH d'un acide fort ou d'une base forte ☒ 57
28 Identifier les couples acide/base ☒ 59
29 Établir le domaine de prédominance d'un couple acide/base ☒ 61
30 Contrôler le pH des solutions ☒ 63
31 QUIZ express ☐ 65

AGIR

Économiser les ressources et respecter l'environnement — OK ☐

Apport de la chimie au respect de l'environnement

32 Appliquer les principes de la chimie verte ☐ 67
33 Économiser les atomes et réduire les déchets ☐ 69
34 QUIZ express ☐ 71

Contrôle de la qualité par dosage

35 Doser par étalonnage ☐ 73
36 Doser par titrage direct ☒ 75
37 Doser par conductimétrie ☒ 77
38 Exploiter un titrage acido-basique ☒ 79
39 QUIZ express ☐ 81

Synthétiser des molécules, fabriquer de nouveaux matériaux

OK ☐

- 40 Choisir une stratégie de synthèse ☐ 83
- 41 Réaliser une synthèse au laboratoire ☐ 85
- 42 Choisir un réactif, protéger des fonctions ☐ 87
- 43 QUIZ express ☐ 89

ANNEXES

Incertitudes de mesure

OK ☐

- 44 Comprendre la notion d'incertitude ☐ 91
- 45 Évaluer une incertitude ☐ 93
- 46 QUIZ express ☐ 95

DÉPLIANT ET RABATS

- Aide-mémoire
- Techniques expérimentales

Conception maquette : **Favre & Lhaïk** • *Édition :* **Julie Drappier**
Schémas : **Lasergraphie et STDI** • *Mise en pages :* **STDI**

Comprendre le principe de la spectroscopie

1

QUIZ p. 13

RAPPELS DE COURS

1 Quantification de l'énergie

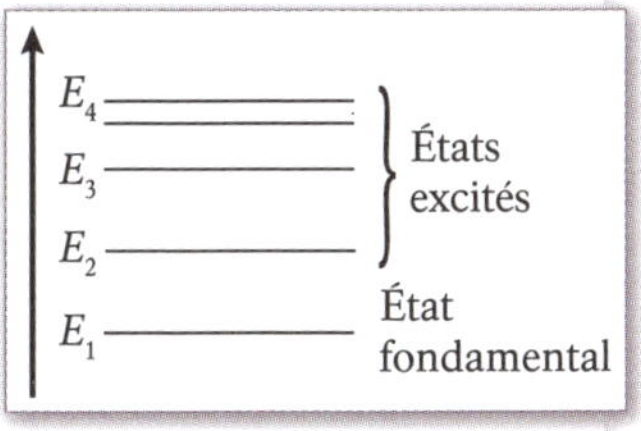

► L'énergie d'un atome est quantifiée. À chaque atome ou molécule correspond un ensemble de **niveaux d'énergie** « discrets » qui le caractérise.

► Un **photon** est une particule de masse nulle se déplaçant à la vitesse de la lumière, soit dans le vide : $c = 3{,}00 \times 10^8\ \text{m} \cdot \text{s}^{-1}$.

► On appelle **quantum d'énergie** l'énergie ΔE transportée par un photon :

$$\Delta E = h\nu = \frac{hc}{\lambda}$$

ΔE, en J
ν fréquence en Hz et λ longueur d'onde en m
$h = 6{,}62 \times 10^{-34}\ \text{J} \cdot \text{s}$, constante de Planck
$c = 3{,}00 \times 10^8\ \text{m} \cdot \text{s}^{-1}$, célérité de la lumière dans le vide

2 Principe de la spectroscopie

► En **spectroscopie électromagnétique**, une onde, constituée de photons, est envoyée sur un système (atome ou molécule) au repos dans son état fondamental E_1. Si l'énergie apportée par l'onde possède une valeur ΔE suffisante, le système est excité : il passe dans un niveau d'énergie supérieure E_2. On dit qu'il y a **absorption**. Lorsque l'onde excitatrice s'arrête, le système retourne à l'état fondamental, plus stable : il y a alors **émission**.

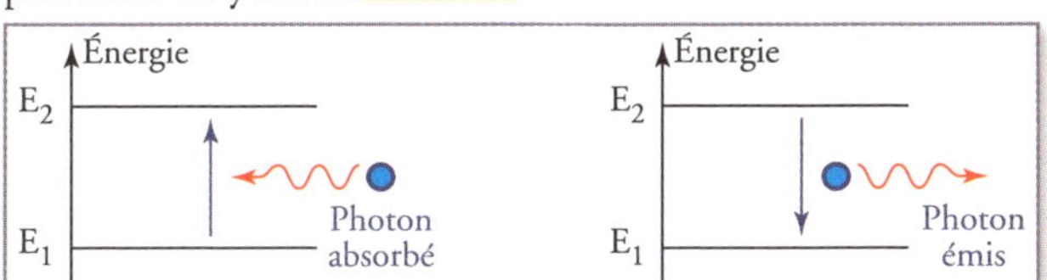

$$\Delta E = E_2 - E_1 = h\nu = \frac{hc}{\lambda}$$

▶ Selon la valeur de l'énergie ΔE, différents processus sont engagés :

- **si ΔE est grande** (rayons X), on excite les électrons de cœur (couches internes) ;
- **si ΔE est moins grande** (ultraviolet-visible), on excite les électrons externes (impliqués dans des liaisons de valence) ;
- **si ΔE correspond au domaine infrarouge**, les modes de vibration des liaisons entre atomes (élongation et déformation des liaisons) sont excités ;
- avec des ondes **hertziennes** (radiofréquences), on excite des noyaux qui présentent des propriétés magnétiques (RMN).

En résonance magnétique nucléaire, le retour à l'état fondamental des noyaux excités conduit à l'obtention de signaux.

3 *Spectre électromagnétique*

▶ Les techniques spectrales en UV-visible et infrarouge s'effectuent par transmission d'un signal, au travers d'un échantillon à caractériser qui absorbe certaines radiations.
En résonance magnétique nucléaire (RMN), c'est le retour à l'état fondamental des noyaux excités qui conduit à l'obtention de signaux (→ DÉPLIANT, III et IV).

▶ Les spectres obtenus fournissent des informations sur la structure des espèces étudiées, sur la présence de groupes fonctionnels, etc.

▶ Certains types de spectroscopie permettent un suivi quantitatif de réactions.

MÉTHODE

Déterminer le domaine d'une longueur d'onde

Un échantillon absorbe un quantum d'énergie de $2,48 \times 10^{-1}$ eV.
1. Déterminer la valeur de la longueur d'onde λ absorbée.
2. Dans quel domaine se situe-t-elle (→ DÉPLIANT, IV) ?
Données : $c = 3,00 \times 10^{8}\ \text{m} \cdot \text{s}^{-1}$, $h = 6,62 \times 10^{-34}\ \text{J} \cdot \text{s}$,
$1\ \text{eV} = 1,602 \times 10^{-19}\ \text{J}$.

SOLUTION

1. $\Delta E = 2,48 \times 10^{-1} \times 1,602 \times 10^{-19} = 3,97 \times 10^{-20}$ J.
Or $\Delta E = \dfrac{hc}{\lambda}$, donc $\lambda = \dfrac{hc}{\Delta E} = 5,00 \times 10^{-6}\ \text{m} = 5,00\ \mu\text{m}$.
2. La longueur d'onde est dans le domaine de l'infrarouge.

Exploiter un spectre UV-visible

2

QUIZ p. 13

RAPPELS DE COURS

1 Présentation d'un spectre UV-visible

▶ Un rayonnement incident d'intensité I_0 passe au travers d'un échantillon étudié. On note I l'intensité de la lumière transmise. Un spectre UV-visible représente l'**absorbance** $A = \log \frac{I_0}{I}$ de l'échantillon analysé en fonction de la longueur d'onde λ du rayonnement. L'absorbance est sans unité.

▶ On caractérise l'espèce étudiée par la longueur d'onde λ_{max} du maximum d'absorption A_{max}.

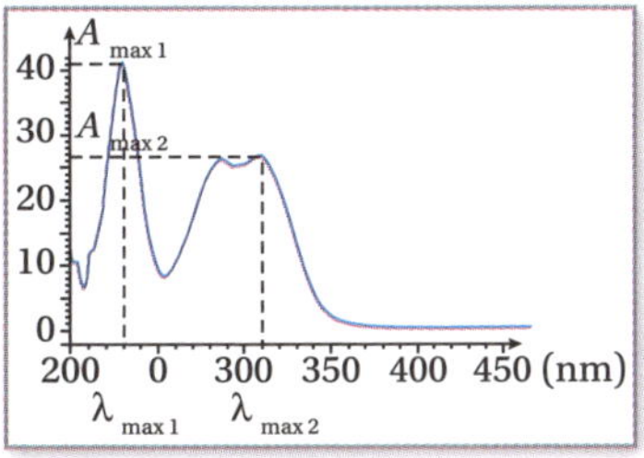

2 Groupements chromophores

▶ On appelle **groupement chromophore** la fonction chimique ou la partie de la molécule responsable d'une absorption caractéristique ($C=O$, NH_2...).

▶ Lorsque le nombre de doubles liaisons conjuguées est élevé, la molécule absorbe la lumière dans la partie visible du spectre.
Le composé présente alors la **couleur complémentaire** de celle qui est absorbée (→ DÉPLIANT, V).

EXEMPLE Le β-carotène, dont la molécule possède 11 doubles liaisons conjuguées, absorbe la lumière bleue. Il a une couleur orange.

Le spectre UV-visible d'une espèce chimique dépend donc de la structure de cette espèce.

3 Loi de Beer-Lambert

▶ Pour de faibles concentrations, **l'absorbance A d'une espèce X** en solution est, pour une longueur d'onde donnée, proportionnelle à sa concentration [X] et à l'épaisseur ℓ de solution traversée par le faisceau lumineux :

$$A = \varepsilon_{(\lambda)}\ell[X] = k[X]$$

A sans unité ; $\varepsilon_{(\lambda)}$ en $L \cdot mol^{-1} \cdot m^{-1}$
ℓ en m ; k en $L \cdot mol^{-1}$; [X] en $mol \cdot L^{-1}$

Le coefficient $\varepsilon_{(\lambda)}$, appelé coefficient d'extinction molaire, dépend de la longueur d'onde λ et de l'espèce colorée ; ℓ est la largeur de la cuve.

▶ Si une solution contient plusieurs espèces absorbant à la même longueur d'onde λ, l'absorbance $A_{(\lambda)}$ est la somme des absorbances de chacune d'elles.

▶ On peut déterminer la concentration d'une solution inconnue d'une espèce X à partir de la mesure de son absorbance reportée sur une courbe d'étalonnage $A = f([X])$ (→ FICHE 35).

MÉTHODE

Lire un spectre d'absorption

On donne le spectre de deux espèces M et P.

1. Quelle est la couleur de l'espèce M en solution ?

2. Peut-on doser l'espèce M dans une solution contenant P ? Et inversement ?

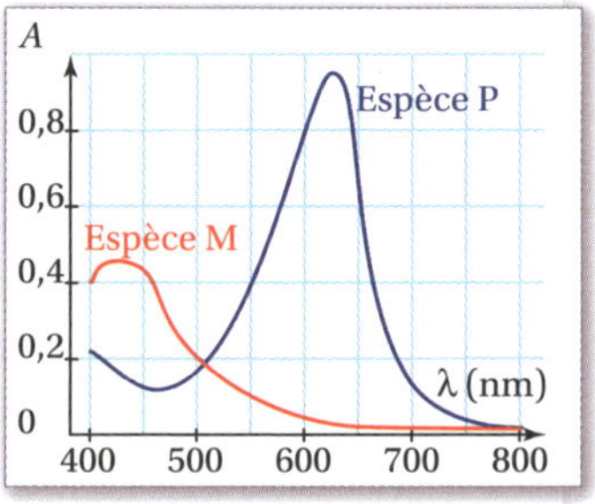

SOLUTION

1. Graphiquement : $\lambda_{max}(M) = 425$ nm et $\lambda_{max}(P) = 630$ nm. La solution de M absorbe principalement dans le violet, elle est jaune (couleur complémentaire (→ DÉPLIANT, IX)).

2. Si on se place à 425 nm, $A = A(M) + A(P)$ car l'espèce P absorbe aussi à 425 nm. On ne peut doser M à 425 nm en présence de P. À 630 nm, seule P absorbe, on peut donc réaliser une étude quantitative pour P.

Identifier les bandes d'absorption d'un spectre infrarouge

3

QUIZ p. 13

RAPPELS DE COURS

1 Présentation d'un spectre IR

▶ Un spectre infrarouge fait apparaître, en abscisse, le nombre d'onde $\sigma = \frac{1}{\lambda}(\text{cm}^{-1})$ et en ordonnée, la **transmittance** (exprimée en %) du matériau étudié. La transmittance est le rapport de l'intensité I du rayonnement transmis sur l'intensité I_0 incidente.

▶ Une **transmittance de 100 %** signifie qu'il n'y a pas d'absorption ; de ce fait, les bandes d'absorption d'un spectre IR pointent vers le bas.

▶ Un spectre IR s'étend de 600 à 4 000 cm^{-1}, ce qui correspond à des longueurs d'onde de 2,5 à 17 µm.

EXEMPLE La butanone de formule $H_3C-C(=O)-CH_2-CH_3$

La bande à $\sigma = 1\,720\ \text{cm}^{-1}$ caractérise les liaisons C=O présentes dans les cétones. On trouve une bande vers 2 900 cm^{-1}, caractéristique des liaisons C—H.
En dessous de 1 500 cm^{-1}, on observe une zone caractéristique du composé.

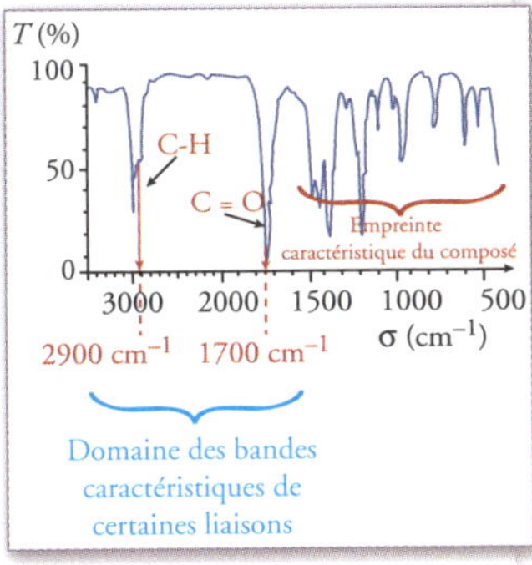

2 Bandes d'absorption de quelques liaisons

▶ La valeur du **nombre d'onde σ** permet de reconnaître certaines liaisons.

Liaison	C=O	O—H	N—H	C=C	C—H (alcane)	C—H (alcène)
$\sigma(\text{cm}^{-1})$	1 700	3 550	3 200	1 650	2 900	3 100

▶ La **fréquence d'absorption**, ou le nombre d'onde σ, dépend de l'environnement de la liaison. Par exemple, selon la valeur de σ de la bande d'absorption de la liaison C=O, on peut identifier le groupe caractéristique auquel elle appartient.

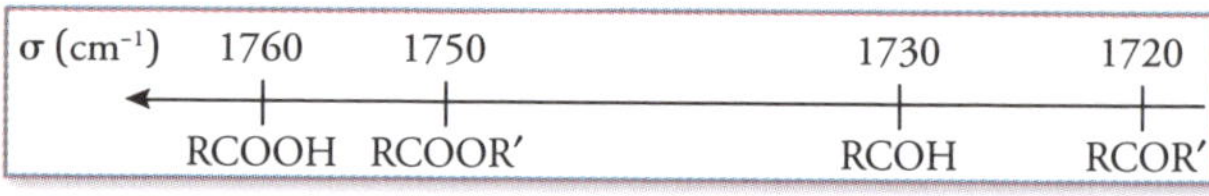

3 Influence des liaisons hydrogène sur le spectre

L'**association de molécules** par liaison hydrogène modifie la position et la forme de la bande d'absorption de la liaison O—H.
Sans liaison hydrogène, l'absorption caractéristique apparaît sous forme d'une bande fine vers 3 580 – 3 670 cm^{-1}. En revanche, une bande assez large est visible vers 3 200 – 3 400 cm^{-1} pour les alcools ou vers 3 500 – 3 400 cm^{-1} pour les acides carboxyliques si les molécules sont associées par liaisons hydrogène.

MÉTHODE

Identifier une bande d'absorption

On observe une bande intense entre 2 600 cm^{-1} et 3 200 cm^{-1} et une bande fine vers 1 700 cm^{-1} sur le spectre de l'acide pentanoïque. À partir des tables (→ DÉPLIANT, V À VIII), identifier les liaisons associées à ces bandes.

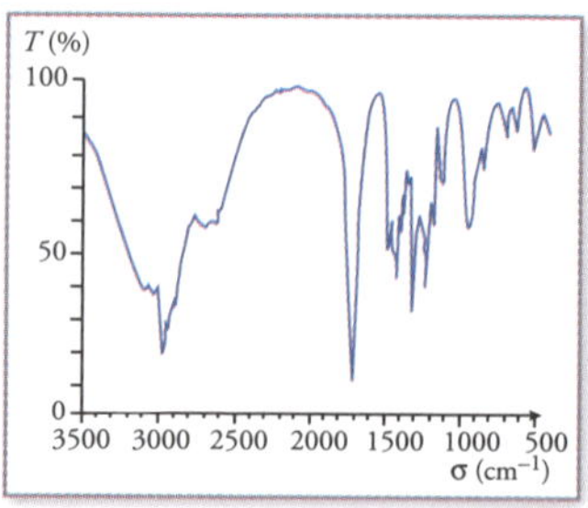

SOLUTION

D'après les tables, pour le groupement carbxyle —COOH la bande intense entre 1 680 et 1 710 cm^{-1} correspond à la liaison C=O et la bande forte entre 2 500 et 3 200 cm^{-1} à la liaison OH (OH liés par des liaisons hydrogènes).

Exploiter un spectre infrarouge

4

QUIZ p. 13

RAPPELS DE COURS

1 Étude d'un spectre IR

▶ Lors de l'étude d'un spectre, on distingue deux domaines.

• La région des **grandes valeurs de σ** (4 000-1 300 cm^{-1}) où apparaissent les bandes caractéristiques de certaines liaisons, permettant l'identification de groupes caractéristiques.

• La région des **faibles valeurs de σ** (< 1 300 cm^{-1}) caractéristique du composé étudié et des fonctions présentes. Elle est appelée « empreinte digitale ». Dans cette zone, il est en général difficile d'attribuer les pics observés à des groupes d'atomes.

▶ On se limite le plus souvent :

• au **repérage** des bandes caractéristiques des groupes fonctionnels à l'aide des tables existantes (→ DÉPLIANT, V À VIII). Celles-ci indiquent les valeurs des nombres d'onde des absorptions caractéristiques des liaisons. Les bandes sont analysées selon trois critères : position (cm^{-1}), intensité (faible, moyenne, forte) et forme (large ou étroite) ;

• à la **comparaison** du spectre étudié et, en particulier, de la région « empreinte digitale », avec un spectre de référence.

▶ Un spectre IR permet :

• **d'identifier** un composé inconnu, ou tout au moins ses groupes caractéristiques ;

• de **vérifier** la pureté d'un produit par l'absence de bandes signalant la présence d'impuretés ;

• de **suivre** un processus réactionnel en étudiant l'apparition ou la disparition des bandes caractéristiques de certains groupes fonctionnels.

2 Identifier le groupe carboxyle —COOH

Le groupe C=O génère une bande de forte intensité entre 1 700 et 1 725 cm^{-1}. On la repère ici vers 1700 cm^{-1} ; le groupe C=O est donc présent. S'il s'agit d'un groupe carboxyle, on doit observer une bande correspondant au groupe OH. D'après les tables, cette bande est large et se situe entre 3 300-2 500 cm^{-1}.

Elle est due à la formation de liaison hydrogène entre les molécules d'acide.
La présence de la bande C=O et de la bande OH sur le spectre permet d'identifier le groupe carboxyle.

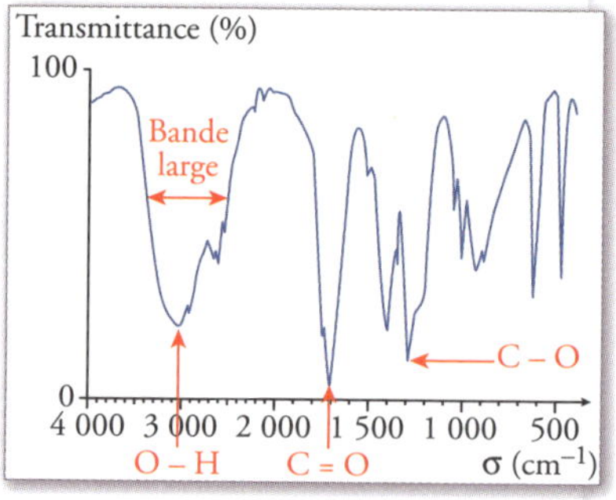

MÉTHODE

Interpréter un spectre IR

On donne le spectre IR de l'éthanoate d'éthyle. Retrouver les bandes d'absorption qui le caractérisent à l'aide des tables (→ DÉPLIANT, V À VIII).

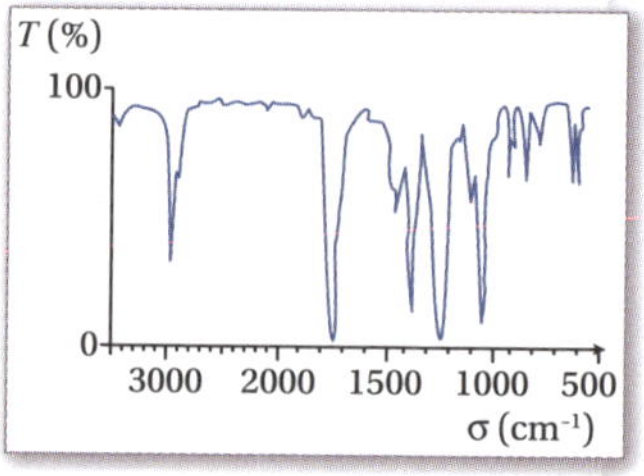

SOLUTION

• Avec le nom du composé, on identifie le groupe caractéristique ester :

$$-C(=O)-O-R' \qquad CH_3-COOCH_2-CH_3$$

• Le groupe carbonyle est-il présent ?
Le groupe C=O possède une bande intense entre 1 820 et 1 660 cm^{-1}. Cette bande est souvent la plus forte du spectre et de largeur moyenne. Elle est généralement très évidente.
D'après les tables, pour le C=O d'un ester, on observe une bande forte vers 1 750-1 730 cm^{-1}, ce qui est confirmé par la présence de la bande à 1 740 cm^{-1}.
• On retrouve la bande de forte intensité de la liaison C—O vers 1 350 cm^{-1} indiquée dans les tables.
En étudiant les tables, on vérifie que ces bandes d'absorption sont bien caractéristiques de cet ester.

Quiz express 5

Cochez la ou les bonnes réponses.

Spectroscopie : de l'UV à l'infrarouge

Données : $h = 6{,}626 \times 10^{-34}$ J · s ; $c = 3{,}00 \times 10^{8}$ m · s^{-1} ;
1 eV = $1{,}602 \times 10^{-19}$ J
Tables infrarouge : → DÉPLIANT, V À VIII
Cercle chromatique : → DÉPLIANT, IX

1 *L'absorption d'une longueur d'onde*

Une espèce chimie absorbe un rayonnement d'énergie 1,37 eV. Quelle est la longueur d'onde λ de ce rayonnement ?

☐ a. $\lambda = 0{,}904$ µm ☐ b. $\lambda = 904$ nm ☐ c. $\lambda = 904$ µm

2 *L'identification d'un domaine spectral*

La transition de l'exercice 1 sera mise en évidence dans le domaine :

☐ a. UV ☐ b. Visible ☐ c. IR

3 *La couleur et l'absorption*

Le spectre UV-visible d'une espèce colorée montre une bande large d'absorption autour de 530 nm (centrée sur le vert). Quelle est la couleur de cette espèce chimique ?

☐ a. Magenta ☐ b. Verte ☐ c. Jaune

4 *Identifier une liaison en spectroscopie infrarouge*

Le spectre infrarouge d'une espèce chimique montre une bande d'absorption de forte intensité autour de 1 700 cm^{-1} et deux bandes à 2 710 cm^{-1} et 2 850 cm^{-1}.
La bande à 1700 cm^{-1} correspond à l'absorption de la liaison :

☐ a. C—H ☐ b. C=O ☐ c. OH

5 *Identifier une espèce chimique en spectroscopie infrarouge*

L'espèce chimique étudiée dans l'exercice 4 est :

☐ a. un acide carboxylique
☐ b. une cétone
☐ c. un aldéhyde

Corrigés

Score : ... / 5

1 *L'absorption d'une longueur d'onde*

Fiche 1

Réponses a et b. Le quantum d'énergie est $\Delta E = \dfrac{hc}{\lambda}$.

Pour déterminer la valeur de λ en mètres, il faut que l'énergie soit exprimée en joules.

$\Delta E = 1{,}37 \times 1{,}602 \times 10^{-19}$ J.

Donc $\lambda = \dfrac{hc}{\Delta E} = \dfrac{6{,}62 \times 10^{-34} \times 3{,}00 \times 10^{8}}{1{,}37 \times 1{,}602 \times 10^{-19}} = 9{,}04 \times 10^{-7}$ m

$= 0{,}904$ µm $= 904$ nm.

2 *L'identification d'un domaine du spectre*

Fiche 1

Réponse c. Cette longueur d'onde est dans le domaine de l'infrarouge.

3 *La couleur et l'absorption*

Fiche 2

Réponse a. Une longueur d'onde de 530 nm correspond à la couleur verte. Le composé a la couleur complémentaire de celle qui est absorbée : le magenta.

4 *Identifier une liaison en spectroscopie infrarouge*

Fiches 3 et 4

Réponse b. Le groupe carbonyle présent dans de nombreux composés a une bande caractéristique d'absorption autour de 1 700 cm^{-1}.

On trouve cette bande caractéristique pour les aldéhydes, cétones, les acides carboxyliques, esters et amides qui comportent tous le groupe C=O.

5 *Identifier une espèce chimique en spectroscopie infrarouge*

Fiches 3 et 4

Réponse c. On peut éliminer l'acide carboxylique puisqu'il n'y a pas la bande caractéristique due à la liaison —OH large et intense entre 2 500 et 3 500 cm^{-1}.

Les deux bandes à 2 710 cm^{-1} et 2 850 cm^{-1} sont caractéristiques de la liaison C—H d'un aldéhyde H—C=O. C'est la présence de ces deux bandes qui confirment la présence d'un aldéhyde et non d'une cétone.

Identifier des signaux de RMN

6

QUIZ p. 21

RAPPELS DE COURS

On étudie ici la RMN des noyaux d'hydrogène, appelée RMN du proton H.

1 *Le déplacement chimique*

▶ Le **déplacement chimique** δ permet de déterminer la position relative des fréquences d'absorption d'une espèce étudiée par rapport à celles d'une espèce de référence, le tétraméthylsilane (TMS). Pour calculer le déplacement δ_i correspondant au signal de fréquence v_i par rapport au signal de référence $v_{réf}$, on repère Δv et

$$\delta_i = \frac{v_i - v_{ref}}{v_{appareil}} \times 10^6 = \frac{\Delta v}{v_{appareil}} \times 10^6.$$

Cette différence Δν correspond à quelques millionièmes de la valeur $v_{appareil}$; c'est pourquoi on exprime δ en **parties par million** ou **ppm** ; c'est un nombre sans unité.

▶ Le déplacement chimique du **composé de référence** est δ = 0 ppm. Celui d'un **proton H** est compris entre 0 et 30 ppm, sa valeur dépend de son environnement électronique, c'est-à-dire de ses voisins et de leur électronégativité. Si un proton a deux voisins électronégatifs, les effets se cumulent (δ augmente). Le déplacement chimique d'un proton diminue avec l'éloignement d'un atome électronégatif.

▶ Des tables (→ DÉPLIANT, III ET IV) indiquent les différents déplacements chimiques des groupements, ce qui permet de les identifier sur un spectre.

2 *Identifier des protons équivalents*

▶ Lorsque deux protons H ont un environnement électronique identique, on observe un signal unique ; ils sont dits **isochrones** ou **équivalents**. De par la libre rotation autour de la liaison C—C, chaque proton H du

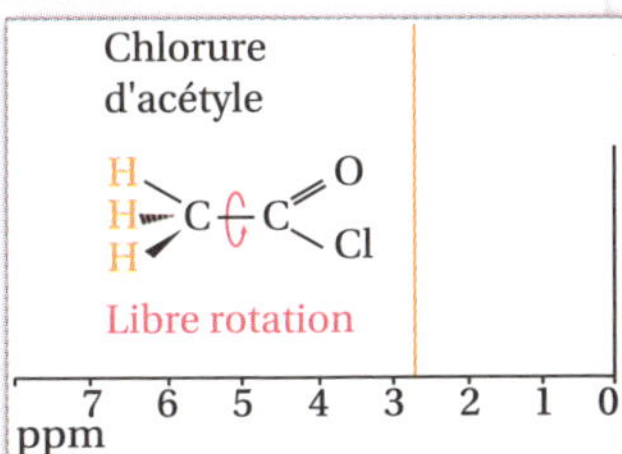

chlorure d'acétyle a un environnement identique. Cela se traduit par un signal unique pour les trois H du groupe méthyle correspondant à un déplacement δ.

▶ Les symétries et la libre rotation autour de liaisons permettent d'identifier des hydrogènes équivalents présents sous un seul signal avec un déplacement chimique δ.

3 Analyser une courbe d'intégration

Un dispositif appelé intégrateur mesure la **surface des différents pics** présents sur un spectre. Cette surface est proportionnelle au nombre de protons générant ce pic.
L'appareil trace alors sur le spectre une courbe, appelée courbe d'intégration, dont l'allure est un **escalier à plusieurs paliers**. Le rapport des hauteurs entre deux paliers est égal au rapport des nombres de protons impliqués dans les groupes correspondants.
La courbe ne donne donc pas le nombre absolu de protons mais leur **proportion relative**.

MÉTHODE

Exploiter un spectre RMN

On donne la formule semi-développée du pinacol. Justifier le fait que le spectre proposé peut correspondre à ce composé.

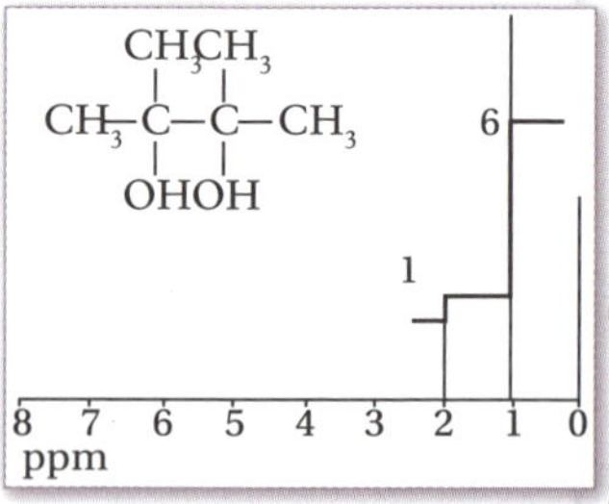

SOLUTION

De par la libre rotation C—C, les protons des 4 méthyles d'une part, et les protons des 2 hydroxyles d'autre part, ont un environnement identique. On doit observer deux signaux.
Le rapport des paliers sur la courbe d'intégration donne 1 pour 6, soit 2 pour 12.
δ= 2,1 ppm correspond aux H des 2 —OH et le pic à δ = 1,1 ppm aux protons des 4 méthyles. Les tables (→ DÉPLIANT, III ET IV) indiquent ces mêmes déplacements chimiques, il s'agit bien du spectre du pinacol.

Interpréter l'allure des signaux 7

QUIZ p. 21

RAPPELS DE COURS

1 Couplage avec un seul voisin

▶ Le signal RMN d'un proton H_i, ou d'un groupe de protons équivalents, peut être constitué de deux raies de même intensité lorsqu'il y a un seul voisin. Ce signal est appelé **doublet**.

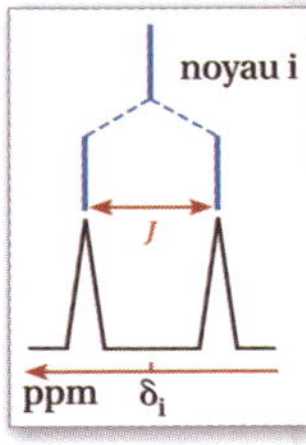

▶ La distance séparant les deux raies est appelée **constante de couplage *J*** entre ce proton et son seul voisin ; elle est mesurée en hertz.

▶ Le déplacement chimique δ se mesure alors au milieu du signal.

2 Couplages avec plusieurs voisins équivalents

▶ **H_i couplé avec deux voisins équivalents** : le signal initial est dédoublé par le premier voisin puis dédoublé de nouveau par le second. Les couplages sont les mêmes, on obtient alors un triplet dont l'intensité des raies est 1 / 2 / 1.

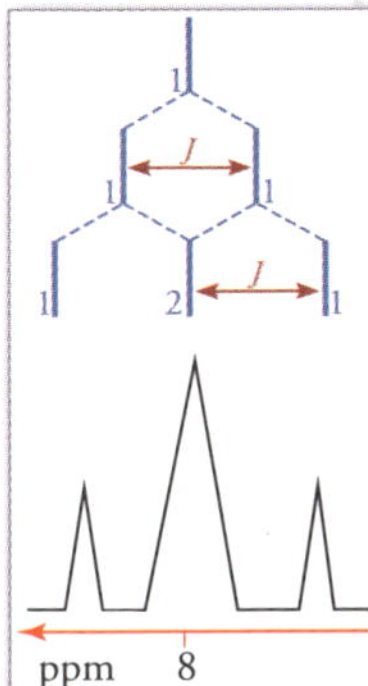

Ce **triplet** indique le couplage d'un proton H avec **deux autres protons équivalents.**

▶ **H_i couplé avec *N* voisins équivalents** : le nombre de raies observées pour le signal d'un proton ou d'un groupe de protons équivalents dépend du nombre de protons auquel il est couplé et de la valeur de la constante de couplage.

N voisins équivalents	0	1	2	3
Signal	Singulet	Doublet	Triplet	Quadruplet
Allure du multiplet				
Exemples	CH_3-O	CH_3-CH-C	CH_3-CH_2-	CH_3-CH_2-

Si les constantes de couplages sont **identiques**, c'est-à-dire si le couplage a lieu avec ***N* protons équivalents**, alors le signal est composé de $N + 1$ raies. C'est la règle des $(N + 1)$-uplets.

3 Couplages avec plusieurs voisins non équivalents

Considérons un proton A ayant deux voisins X et Y non équivalents. La règle des $N + 1$ ne s'applique plus, le signal est plus complexe on parle alors de **massif**.

MÉTHODE

Interpréter un spectre RMN

À l'aide des tables (→ DÉPLIANT, III ET IV), attribuer les différents signaux obtenus sur le spectre RMN de l'isobutylamine $(CH_3)_2-CH-CH_2-NH_2$ ci-contre et justifier leur multiplicité. En rouge, sont notées les intégrations

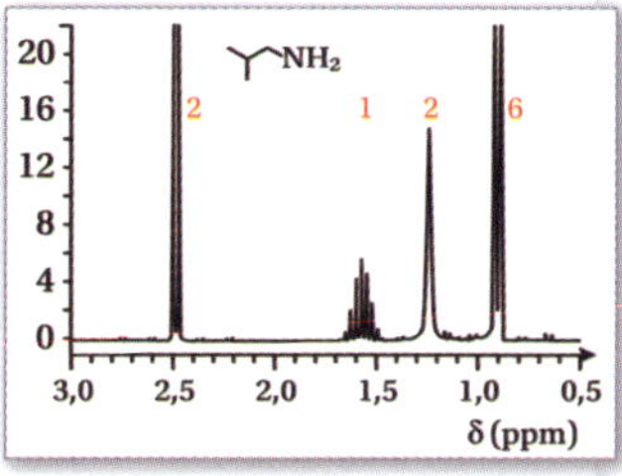

SOLUTION

Sur la molécule, on note quatre sortes de protons :

- les 2 CH_3 qui ont un seul voisin et donnent un doublet que l'on retrouve à $\delta = 0,9$ ppm, comme indiqué dans les tables ;
- le $-CH_2-N$ qui, d'après les tables, a un déplacement chimique de 2,5 ppm et est couplé avec un voisin $-CH$ donc on s'attend à un doublet (2,5 ppm sur le spectre) ;
- le $-CH$ a 8 voisins non équivalents (6 + 2). On doit avoir un signal complexe « multiplet » ou « massif » vers 1,5 ppm (1,6 ppm sur le spectre) ;
- le NH_2 qui donne un singulet pour 2 H à un δ entre 0,5 et 3 ppm (1,25 ppm sur le spectre).

Les valeurs des déplacements lues sur le spectre et les intégrations nous permettent d'attribuer les différents signaux. La multiplicité permet de valider la structure de la molécule.

Exploiter un spectre RMN

8

QUIZ p. 21

RAPPELS DE COURS

1 Chronologie des informations à exploiter

▶ **Dénombrer les signaux** et mesurer la valeur du déplacement chimique correspondant permet d'identifier le nombre et la nature des groupes de protons équivalents en utilisant une table de données (→ DÉPLIANT, III ET IV).

▶ De la courbe d'intégration, on déduit le **nombre de protons** de chaque type. L'aire de chaque pic est proportionnelle au nombre de protons responsables du pic. La distance entre deux paliers est proportionnelle à la surface du pic correspondant et donc au nombre de protons.

▶ **Étudier la forme de chaque signal** renseigne sur le nombre de voisins du proton étudié et leurs couplages. En pratique, un proton ou un groupe de protons équivalents ayant N voisins donne un signal constitué de $(N+1)$ pics, appelé multiplet, si ces N voisins sont équivalents.
Si les voisins ne sont pas équivalents, la règle des $(n+1)$ – uplets ne s'applique plus.
Au-delà de deux liaisons, il n'y a plus de couplage.

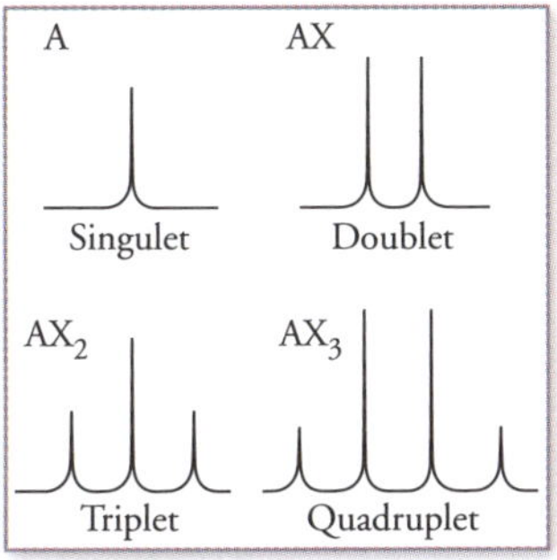

▶ En conclusion, on peut valider ou retrouver la structure d'une molécule avec son spectre RMN.

▶ Bien souvent, on combinera spectres RMN et infrarouge pour déterminer sans ambigüité la formule semi-développée du composé.

MÉTHODE

Trouver une formule semi-développée

Soit une molécule de formule brute $C_7H_{14}O$. Son spectre IR montre la présence d'une bande caractéristique d'une liaison $-C=O$. Le spectre RMN est donné ci-dessous.

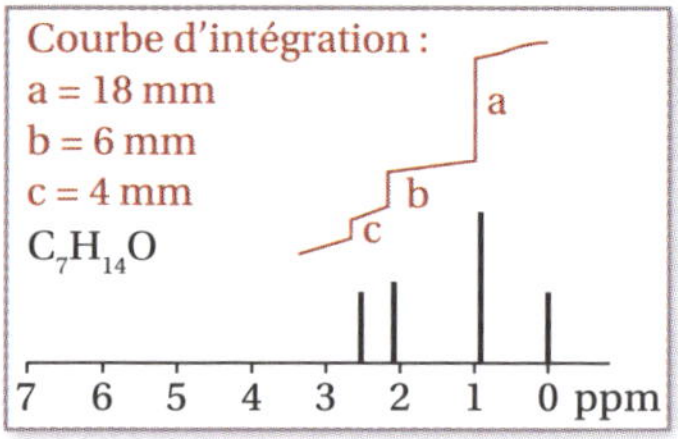

Retrouver la formule semi-développée de ce composé.

SOLUTION

D'après la courbe d'intégration, la somme des hauteurs des marches a + b + c vaut 28 mm, cela correspond à 14 H (déduit de la formule brute), soit 14 / 28 = 0,5 H par mm.

On en déduit que le pic a correspond à $18 \times 0,5 = 9$ H ; le pic b à $6 \times 0,5 = 3$ H et le pic c à $4 \times 0,5 = 2$ H.

- Le signal a situé à 0,9 ppm correspond à 9 protons non couplés, soit à 3 CH_3 équivalents, ce qui est conforme aux tables (→ DÉPLIANT, III ET IV). Les 3 groupes méthyles sont donc loin de la fonction cétone.
- Le signal b correspond à 3 H, soit un $-CH_3$. Il présente un déplacement chimique plus élevé du fait de sa proximité avec la fonction cétone.
- Le signal c, représentatif de 2 H, correspond à $-CH_2$ voisin de la fonction cétone, il n'y a pas de couplage.

La formule semi-développée du $C_7H_{14}O$ est :

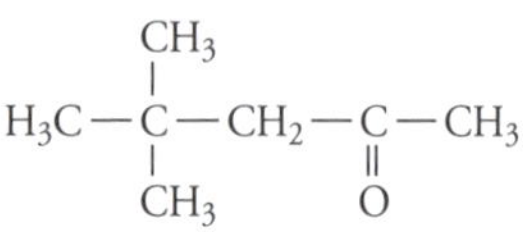

Son nom est la 4,4-diméthylpentan-2-one.

Quiz express

Cochez la ou les bonnes réponses.

9

La RMN du proton

1 Rechercher des groupes de protons équivalents

Combien de types de protons équivalents existent-ils dans les composés suivants ? (Penser à la géométrie des molécules !)

a. $CH_3—CH_2—COOH$ ☐ 1 ☐ 2 ☐ 3

b. $CH_3—CH_2—O—CH_2—CH_3$ ☐ 2 ☐ 3 ☐ 4

c. $CH_3—CH=CH_2$ ☐ 2 ☐ 3 ☐ 4

2 Le nombre et l'allure des signaux RMN d'une molécule

On étudie le spectre RMN du 2-méthylbutane $(CH_3)_2—CH—CH_2—CH_3$.

☐ a. Son spectre RMN comporte 3 signaux.

☐ b. L'allure du signal correspondant aux protons du groupe méthyle (en rouge) $(CH_3)_2—CH—CH_2—CH_3$ est un triplet.

☐ c. L'allure du signal correspondant aux protons du groupe méthyl (en vert) $(CH_3)_2—CH—CH_2—CH_3$ est un triplet.

3 L'étude d'un spectre

Le spectre RMN d'une molécule de formule brute $C_4H_{10}O$ est représenté ci-dessous. Les intégrations relatives sont indiquées au-dessus des signaux correspondant.

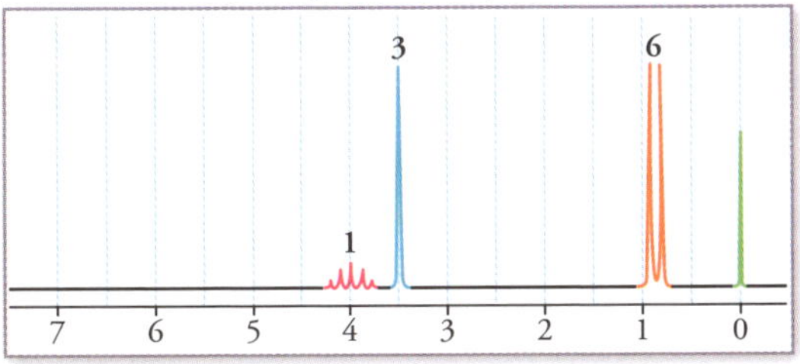

☐ a. La molécule possède 6 protons équivalents possédant un seul voisin.

☐ b. La molécule associée peut avoir pour formule $CH_3—CH_2—O—CH_2—CH_3$.

☐ c. La molécule associée peut avoir pour formule $(CH_3)_2—CH—O—CH_3$.

Corrigés

Score : ... / 3

1 Rechercher des groupes de protons équivalents

Fiche 6

a. Réponse 3. Les 3 H du méthyle forment un groupe de protons équivalents, de même pour les 2 H de CH_2 et il y aura un troisième groupe, le H du groupe carboxyle.

b. Réponse 2. On remarque qu'il y a une symétrie dans la molécule ce qui fait que les 4 H les 2 CH_2 sont équivalents ainsi que les 6 H des deux CH_3. Il y a donc seulement deux groupes de protons équivalents.

c. Réponse 4. Il n'y a pas de rotation possible autour de la double liaison C=C, la structure est plane. Ce qui fait que chaque H voit un environnement différent, donc 3 types de protons. Il y aura également les 3 H du méthyle qui forment un groupe de protons équivalents. Au total 4 groupes de protons équivalents.

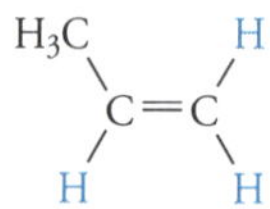

2 Le nombre et l'allure des signaux RMN d'une molécule

Fiche 7

a. Faux. Il y a 4 signaux sur son spectre RMN, car il y a 4 types de protons : $(CH_3)_2—CH—CH_2—CH_3$.

b. Vrai. $(CH_3)_2—CH—CH_2—CH_3$ ce méthyle a 2 voisins (CH_2) il apparaît donc sous forme d'un triplet (2+1 uplets).

c. Faux. $(CH_3)_2—CH—CH_2—CH_3$ ces deux méthyles ont un voisin —CH, on observe alors 1+1 uplets soit un doublet.

3 L'étude d'un spectre

Fiche 8

a. Vrai. On a un doublet soit un groupe de protons ayant un seul voisin et l'intégration nous indique que ce signal correspond à 6 H.

b. Faux. Cette molécule présente deux groupes de protons équivalents donc son spectre RMN ne doit comporter que 2 signaux et non 3.

c. Vrai. Trois signaux correspondant à trois groupes de protons équivalents. Un doublet correspondant à 6 H ayant un seul voisin, un singulet correspondant à 3H du méthyle et un heptuplet car 6 H voisins équivalents correspondant à 1 seul proton (CH). Les tables confirment la valeur des déplacements chimiques.

Suivre l'évolution temporelle d'une transformation lente

10

QUIZ p. 29

RAPPELS DE COURS

1 Méthodes physiques de suivi d'une transformation lente

▶ Le principe des méthodes **physiques** est de mesurer une grandeur liée à la concentration d'un réactif ou d'un produit de la transformation. L'évolution de la réaction peut ainsi être suivie en continu et sans perturber le milieu réactionnel.

• La **conductimétrie** : si des réactifs et (ou) des produits sont ioniques, une cellule conductimétrique permet de suivre l'évolution de la conductivité de la solution (→ FICHE 37).

• La **spectrophotométrie** : on mesure l'absorbance A de la solution lorsqu'il y a apparition ou disparition d'une substance colorée ou qui absorbe dans l'UV. Pour les faibles concentrations, l'absorbance A est proportionnelle à la concentration de l'espèce étudiée (→ FICHE 35).

• La **pH-métrie** : dans le cas d'une transformation acidobasique, une sonde pH-métrique permet de suivre l'évolution du pH de la solution (→ FICHE 26). Le pH est lié à la concentration en ions hydronium H_3O^+ de la solution.

2 Méthodes chimiques de suivi d'une transformation lente

▶ Une méthode de suivi temporel est **chimique** quand la détermination de la concentration de l'espèce étudiée nécessite la mise en œuvre d'une réaction chimique de titrage.
On prélève un échantillon du mélange réactionnel. Puis on effectue une trempe en le refroidissant brutalement pour stopper la réaction.

▶ L'**équivalence** du titrage permet d'accéder à la quantité de produit formé, à celle de réactif restant ou encore à l'avancement x à la date t du prélèvement. Cette méthode chimique est une méthode destructive du milieu réactionnel et occasionne une grande consommation de réactifs.

3 Courbes d'évolution et temps de demi-réaction

▶ Quelle que soit la méthode de suivi choisie, on trace l'**évolution** de la concentration en réactif, de la concentration en produit ou bien encore de l'avancement x de la transformation en fonction du temps.

L'avancement final x_f est égal à l'avancement maximal x_{max} seulement si la transformation est totale.

▶ Le **temps de demi-réaction**, noté $t_{1/2}$, est caractéristique de l'évolution d'un système chimique. Il représente la durée nécessaire pour que l'avancement x parvienne à la moitié de sa valeur finale, soit $x_{t_{1/2}} = \dfrac{x_f}{2}$.

En reportant la valeur de $x_{t_{1/2}}$ sur la courbe $x = f(t)$, on déduit par simple lecture graphique la valeur de $t_{1/2}$.

3 La chromatographie sur couche mince pour évaluer la durée d'une synthèse

Un échantillon du milieu réactionnel est prélevé à différentes dates et déposé sur une plaque. Après élution et révélation, on observe l'évolution des taches du **réactif limitant** et du **produit formé**. La réaction est terminée lorsque le réactif limitant n'apparait plus sur le chromatogramme. On évalue ainsi le temps de réaction.

MÉTHODE

Déterminer un temps de demi-réaction

On étudie la réaction d'équation :

$$2\,I^-_{(aq)} + S_2O_8^{2-}{}_{(aq)} \rightarrow I_{2(aq)} + 2\,SO_4^{2-}{}_{(aq)}$$

À l'aide du graphe ci-contre, déterminer le temps de demi-réaction.

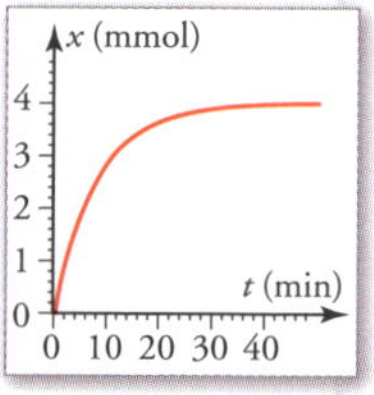

SOLUTION

Traçons l'asymptote à la courbe pour déterminer x_f. On lit $x_f = 4$ mmol.

Graphiquement, pour

$$x_{(1/2)} = \frac{x_f}{2} = 2 \text{ mmol},$$

on lit $t_{1/2} = 6$ min.

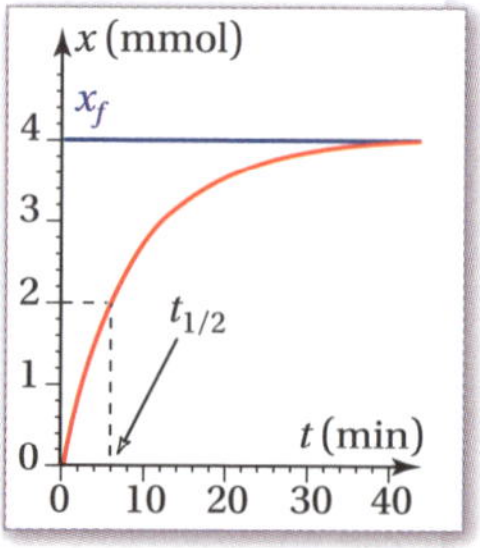

Accélérer ou ralentir une transformation chimique

11

QUIZ p. 29

RAPPELS DE COURS

Certaines grandeurs, comme la température ou la concentration initiale, agissent sur le temps de demi-réaction : ce sont des **facteurs cinétiques.**

1 La température

▶ La comparaison des temps de demi-réaction sur le graphique ci-contre montre que plus la **température** est élevée, plus le temps de demi-réaction est petit, et plus l'état final est atteint rapidement.

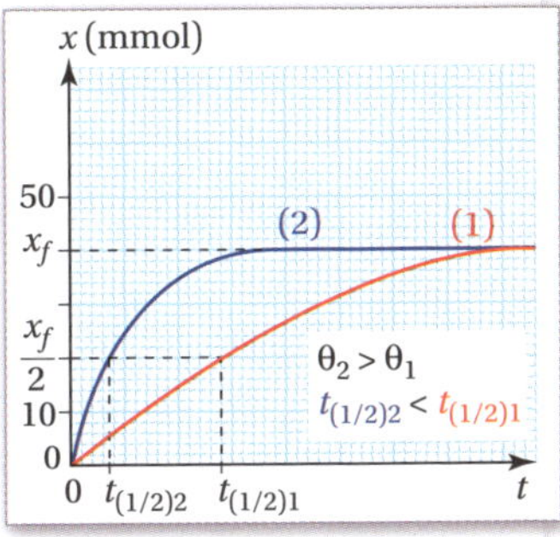

▶ À l'état microscopique, une augmentation de température correspond à un accroissement de l'énergie cinétique des espèces chimiques. La probabilité de rencontre est alors plus importante et la transformation plus rapide.

2 La concentration initiale des réactifs

▶ Une augmentation de la **concentration** d'un réactif, tous les autres paramètres étant constants, provoque une diminution du temps de demi-réaction, la transformation est donc plus rapide.

▶ À l'état microscopique, l'augmentation de la concentration d'un réactif A mis en présence d'un réactif B accroit leur probabilité de rencontre et donc la **rapidité de la transformation.**

3 Autres facteurs cinétiques

▶ La **surface de contact** d'un réactif solide est également un facteur cinétique. La réaction est d'autant plus rapide que cette surface de contact avec les autres réactifs est grande. Plus le réactif solide est à l'état divisé, en poudre par exemple, plus sa surface est grande.

▶ Si la réaction se produit en solution, la nature du **solvant** peut également influencer l'évolution du système.

MÉTHODE

Identifier des facteurs cinétiques

Les courbes (I), (II) et (III) représentent l'avancement au cours du temps de la réaction d'équation :

$$2I^-_{(aq)} + S_2O_8^{2-}{}_{(aq)} \rightarrow I_{2(aq)} + 2\,SO_4^{2-}{}_{(aq)}$$

dans les conditions décrites par les systèmes a, b et c du tableau ci-dessous.

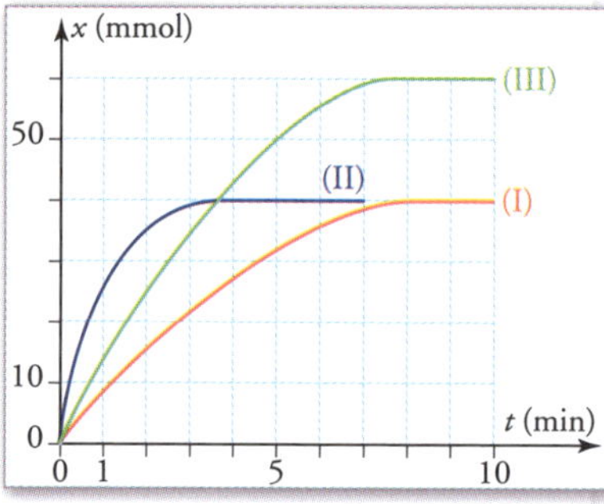

	$[S_2O_8^{2-}]_0$ (en mmol · L^{-1})	$[I^-]_0$ (en mmol · L^{-1})	Température (en °C)
a	40	250	20
b	60	250	20
c	40	250	40

1. Quels systèmes peut-on comparer ?
2. Quels facteurs cinétiques sont mis en jeu ?
3. Que peut-on dire des temps de demi-réaction ?

SOLUTION

1. On peut comparer les systèmes a et b car seule la concentration initiale d'un réactif est modifiée, tous les autres paramètres étant constants.
On peut aussi comparer a et c car seule la température est modifiée tous les autres paramètres étant constants.

2. Le système b comparé au système a permet de mettre en évidence le rôle de la concentration initiale en réactif et le système c comparé au système a permet de mettre en évidence le rôle de la température.

3. Plus la température augmente, plus la transformation est rapide : $t_{(1/2)c} < t_{(1/2)a}$ (c : courbe II, a : courbe I).
Plus la concentration d'un réactif augmente, plus la transformation est rapide : $t_{(1/2)a} > t_{(1/2)b}$ (b : courbe III).

Catalyser une transformation

12

QUIZ p. 29

RAPPELS DE COURS

1 Qu'est-ce qu'un catalyseur ?

▶ Un **catalyseur** est une espèce chimique qui **diminue** la durée de réaction dans le milieu réactionnel où il est introduit, sans modifier l'**état final** du système.

▶ Le catalyseur est récupéré lorsque la réaction est terminée ; il n'apparait donc pas dans l'équation de la réaction.
Il est généralement indiqué au-dessus de « $\rightarrow$ » ou « $\leftrightarrows$ ».

▶ Quand plusieurs réactions peuvent se dérouler à partir des mêmes réactifs, il est possible grâce à un catalyseur convenablement choisi d'accélérer **sélectivement** l'une d'elles.

2 Les différents modes d'action des catalyseurs

A Catalyse homogène

▶ Lorsque le catalyseur appartient à la même phase que les réactifs, la catalyse est dite **homogène**. Dans une catalyse homogène, la réaction est d'autant plus rapide que la concentration en catalyseur est élevée.

▶ Le catalyseur modifie le mécanisme réactionnel de la réaction, c'est-à-dire les étapes permettant de passer des réactifs aux produits.

▶ L'ajout d'un catalyseur peut transformer une réaction lente en deux (ou plusieurs) réactions rapides. Le catalyseur est alors consommé dans l'une et régénéré dans une autre.

B Catalyse hétérogène

▶ Lorsque le catalyseur n'appartient pas à la même phase que les réactifs, la catalyse est dite **hétérogène**.

▶ Le plus souvent le catalyseur est présent sous forme solide et les réactifs sont en phase liquide ou gazeuse. La réaction se déroule à la surface du catalyseur solide ; elle est d'autant plus rapide que la surface du catalyseur est importante.

▶ Pour une meilleure efficacité, le catalyseur est souvent réduit en poudre fine.

C Catalyse enzymatique

▶ Lorsque le catalyseur est une **enzyme**, la catalyse est dite **enzymatique**. Une enzyme est un enchainement d'acides aminés, donc une protéine, catalysant les processus biologiques.

▶ Les enzymes sont des catalyseurs très sélectifs mais également **stéréospécifiques** (→ FICHE 17) : il est nécessaire que le réactif (substrat) ait une structure spatiale déterminée. Cette adaptation de l'enzyme et du substrat, encore appelée théorie clef-serrure, explique la sélectivité des enzymes.

MÉTHODE

Reconnaître un catalyseur et un réactif

• **Expérience 1** : chauffé en présence d'acide sulfurique concentré $\left(2H^+{}_{(aq)}, SO_4^{2-}{}_{(aq)}\right)$, le pentan-1-ol se déshydrate pour donner le pent-1-ène et de l'eau. La transformation est plus rapide lorsque la concentration en ions $H^+{}_{(aq)}$ augmente.

• **Expérience 2** : dans un tube à essais, on introduit 1 mL d'iodure de potassium $(K^+{}_{(aq)}, I^-{}_{(aq)})$ à $5{,}0 \times 10^{-2}$ mol · L^{-1} et 1 mL de solution d'iodate de potassium $(K^+{}_{(aq)}, IO_{3(aq)}^-)$ à $1{,}0 \times 10^{-2}$ mol · L^{-1} : la solution jaunit légèrement. On ajoute une ou deux gouttes d'acide sulfurique à 1 mol · L^{-1} et une coloration brune intense apparaît rapidement selon la réaction :

$$IO_{3(aq)}^- + 6H^+{}_{(aq)} + 5I^-{}_{(aq)} \rightarrow 3\,I_{2(aq)} + 3H_2O_{(\ell)}$$

Pour chaque expérience, les ions $H^+{}_{(aq)}$ catalysent-ils la réaction ? Si oui, de quel type de catalyse s'agit-il ?

SOLUTION

• Dans l'expérience 1, le réactif est le pentan-1-ol et les produits sont l'eau et le pent-l-ène.

$$CH_3 - CH_2 - CH_2 - CH_2 - CH_2 - OH \rightarrow CH_3 - CH_2 - CH_2 - CH_2 = CH_2 + H_2O$$

Les ions $H^+{}_{(aq)}$ n'apparaissent pas dans l'équation. La transformation est plus rapide lorsque leur concentration augmente. Ils catalysent la réaction. Il s'agit d'une catalyse homogène.

• Dans l'expérience 2, les ions $H^+{}_{(aq)}$ sont des réactifs de la réaction considérée, ils apparaissent dans son écriture. Ce ne sont pas des catalyseurs.

Quiz express 13

Cochez la ou les bonnes réponses.

Temps et évolution chimique

1 *L'influence de la température*

Situation 1 : on mélange, à 20 °C, 25 mL de solution d'iodure de potassium ($K^+_{(aq)}$; $I^-_{(aq)}$) à 0,20 mol · L^{-1} et 25 mL de solution acide d'eau oxygénée ($H_2O_{2\,(aq)}$) de concentration 0,020 mol · L^{-1}. Dans ces conditions, les ions iodure sont en excès, l'eau oxygénée est le réactif limitant.

L'équation de la réaction est :

$$H_2O_{2\,(aq)} + 2H^+_{(aq)} + 2I^-_{(aq)} \rightarrow I_{2(aq)} + 2H_2O_{(l)}$$

Situation 2 : identique à la situation 1 mais on porte tous les réactifs à 40 °C.

- ☐ **a.** Le temps de demi-réaction augmente.
- ☐ **b.** Le temps de demi-réaction diminue.
- ☐ **c.** La quantité finale de I_2, $n(I_2)_f$, diminue.
- ☐ **d.** La concentration finale de I_2, $[I_2]_f$ reste la même.

2 *L'influence de facteurs cinétiques*

À partir de la situation 1 de l'exercice précédent, on dilue le mélange avec de l'eau à 10 °C.

- ☐ **a.** Le temps de demi-réaction reste le même.
- ☐ **b.** La quantité finale I_2, $n(I_2)_f$, augmente.
- ☐ **c.** La concentration finale de I_2, $[I_2]_f$ diminue.
- ☐ **d.** La concentration finale de I_2, $[I_2]_f$ reste la même.

3 *Le mode d'action d'un catalyseur*

L'eau de javel se décompose très lentement suivant la réaction :

$$ClO^- \rightarrow Cl^- + \frac{1}{2}O_2$$

On chauffe dans un tube à essai de l'eau de javel en présence d'ions cobalt (III) rose. Le mélange devient marron, puis le dégagement gazeux cesse et la solution redevient rose.

- ☐ **a.** L'ion cobalt (III) ne réagit pas.
- ☐ **b.** L'ion cobalt (III) est consommé puis régénéré.
- ☐ **c.** Il s'agit d'une catalyse homogène.
- ☐ **d.** Il s'agit d'une catalyse enzymatique.

Corrigés !

Score : … / 3

1 *L'influence de la température*

Fiche 11

a. Faux.

Si la température augmente la réaction est plus rapide donc le temps de demi-réaction diminue.

b. Vrai.

Le temps de demi-réaction diminue.

c. Faux.

La quantité de diiode reste la même puisqu'on n'a pas modifié les quantités de réactifs.

d. Vrai.

La concentration en diiode reste la même puisqu'il y a la même quantité de diode dans le même volume.

2 *L'influence de facteurs cinétiques*

Fiche 11

Si la température diminue alors la réaction est plus lente.
Si la concentration initiale en réactifs diminue alors la réaction est également plus lente. Les deux facteurs ralentissent la transformation.

a. Faux.

Le temps de demi-réaction augmente.

b. Faux.

La quantité de diiode reste la même puisque la quantité de matière de réactif limitant n'est pas modifiée.

c. Vrai.

La concentration en diiode diminue puisqu'il y a la même quantité de diode dans un volume plus important (dilution).

d. Faux.

La concentration en diiode diminue.

3 *Le mode d'action d'un catalyseur*

Fiche 12

Réponses b et c.

$ClO^- \rightarrow Cl^- + \frac{1}{2} O_2$.

On remarque que les ions cobalt III n'apparaissent pas dans l'équation bilan de la réaction étudiée, ils interviennent comme catalyseur. Le changement de couleur observé permet de dire qu'il est consommé (disparition de la couleur rose) puis régénéré (retour à la couleur rose).
Il s'agit d'une catalyse homogène car catalyseur et réactifs sont en solution et constituent une seule phase liquide.

Représenter des molécules

14

QUIZ p. 39

RAPPELS DE COURS

1 Représenter une molécule à l'aide d'une formule

▶ La **formule brute** d'une molécule indique la nature et le nombre des différents atomes la constituant. Mais sa seule connaissance est insuffisante pour préciser l'enchaînement des atomes, car plusieurs isomères peuvent exister.

▶ Des **isomères** ont la même formule brute mais des formules développées ou semi-développées différentes.

▶ La **formule développée** permet de représenter l'enchaînement des atomes à l'aide de tirets figurant les liaisons covalentes.

▶ La **formule semi-développée** est une forme concise de la formule développée où n'apparaissent pas les doublets liants des atomes d'hydrogène.

2 Représenter une molécule à l'aide d'un schéma

▶ **L'écriture topologique** est une représentation schématique simplifiée d'une molécule dans laquelle la chaîne carbonée est représentée par une ligne brisée. Chaque extrémité du segment correspond à un atome de carbone. Ces derniers n'apparaissent pas, mais seulement les liaisons qu'ils forment.

▶ Les atomes d'hydrogène liés aux atomes de carbone ne sont généralement pas représentés non plus. Les atomes autres que ceux de carbone et d'hydrogène, appelés hétéroatomes, sont indiqués.

Nom	Formules brute et semi-développée	Formule topologique
Acide butanoïque	$C_4H_8O_2$ $CH_3-CH_2-CH_2-COOH$	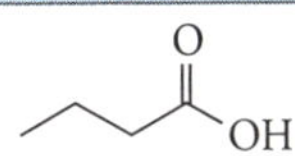

3 Représenter une molécule dans l'espace

▶ La **représentation de Cram** donne la structure d'une molécule dans l'espace. Les conventions de représentation des liaisons par rapport au plan de la figure sont les suivantes :

— dans le plan de la figure ▬ vers l'avant ┈┈ vers l'arrière	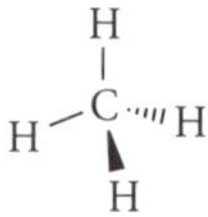 Représentation de Cram du méthane

▶ Pour prévoir la **géométrie d'un atome**, il faut connaître l'agencement de ses liaisons, qui peut être déterminé à partir de sa représentation de Lewis (où apparaissent les doublets liants et non liants).
De nombreux atomes obéissent à la règle de l'octet. Ils sont entourés de 4 doublets (liants ou non liants). Tous ces doublets s'orientent alors selon les 4 directions données par les sommets d'un tétraèdre.

	Liaisons	Lewis	Cram	Géométrie
C	4 liaisons simples			Tétraédrique
	2 liaisons simples et 1 double	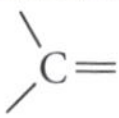	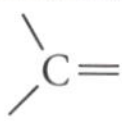	Plane triangulaire
O	2 doublets liants et 2 non liants	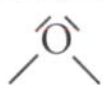		Plane et coudée
N	3 doublets liants et 1 non liant	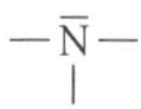		Pyramidale

MÉTHODE

Représenter une molécule en perspective

À partir de la formule de Lewis de l'acide éthanoïque, donner sa représentation de Cram.

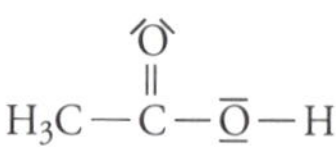

Solution

Le carbone n° 2 forme 4 liaisons simples, il a une structure tétraédrique.
En revanche, le carbone n° 1 du groupe carboxyle COOH est lié par deux liaisons simples et une double liaison à un oxygène, il a une structure plane triangulaire. La représentation de Cram est donnée ci-contre en respectant les conventions.

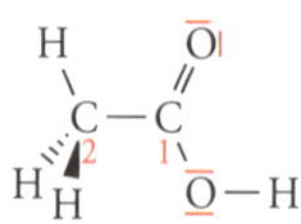

Distinguer des stéréoisomères

15

QUIZ p. 39

RAPPELS DE COURS

Des stéréoisiomères ont la même formule brute, le même enchainement d'atomes mais une structure dans l'espace différente.

1 *Stéréoisomères de conformation et liaison C—C*

▶ On appelle **conformations** d'une molécule les différentes structures spatiales qu'elle peut prendre par rotation autour de ses liaisons simples.

▶ Il y a **libre rotation** autour de chaque liaison C—C de deux carbones tétraédriques. Les trois autres atomes ou groupes d'atomes liés à chaque C peuvent donc prendre différentes positions dans l'espace et créer plusieurs conformations ou stéréoisomères de conformation d'une même molécule.

Dans l'exemple de l'éthane, les 3 liaisons C—H peuvent prendre différentes positions en fonction de la rotation autour de la liaison C—C : la conformation décalée (a) et la conformation éclipsée (b). On les appelle des **stéréoisomères de conformation** qui correspondent à une même molécule.

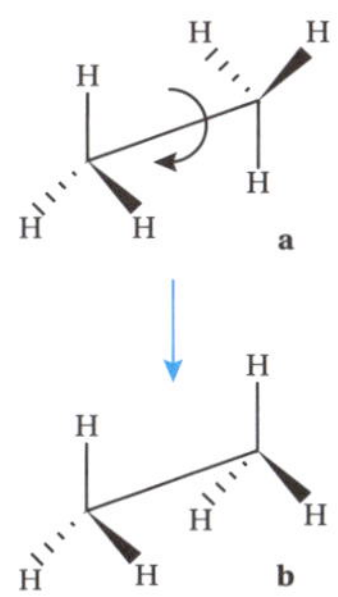

▶ Les répulsions électroniques sont minimales dans la forme décalée, ce qui la rend très stable, et maximales dans la forme éclipsée, c'est la conformation la moins stable. À température ambiante, une molécule passe continuellement d'une conformation à une autre.

2 *Stéréoisomères de configuration et double liaison C=C*

▶ Lorsque, pour passer d'un stéréoisomère A à un stéréoisomère B, on doit rompre au moins une liaison, alors A et B sont des **stéréoisomères de configuration.** A et B ne sont donc pas superposables, il s'agit de deux molécules différentes.

▶ Les carbones liés par une double liaison ont une structure plane triangulaire (angle de 120°). Cette double liaison C=C empêche la libre rotation autour de l'axe des carbones.

Si chaque carbone de cette double liaison est lié à deux atomes ou groupes d'atomes différents, la molécule a deux stéréoisomères possibles. Selon l'agencement de leurs groupes d'atomes, on distingue les **stéréoisomères Z** et les **stéréoisomères E.**

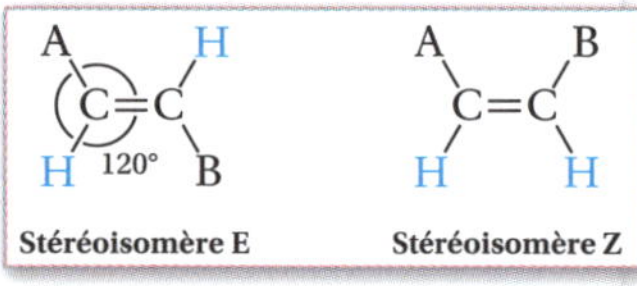

▶ Les deux molécules ci-dessous ne sont pas superposables. Pour passer de l'une à l'autre, il faut casser des liaisons.
Ces deux stéréoisomères sont alors appelés **stéréoisomères de configuration.**

▶ Deux stéréoisomères de configuration non superposables et qui ne sont pas image l'un de l'autre dans un miroir, sont appelés **diastéréoisomères.**
Des diastéréoisomères sont des **corps purs différents**, que l'on peut séparer et isoler car ils ont des propriétés physiques et chimiques différentes.

MÉTHODE

Reconnaître un stéréoisomère

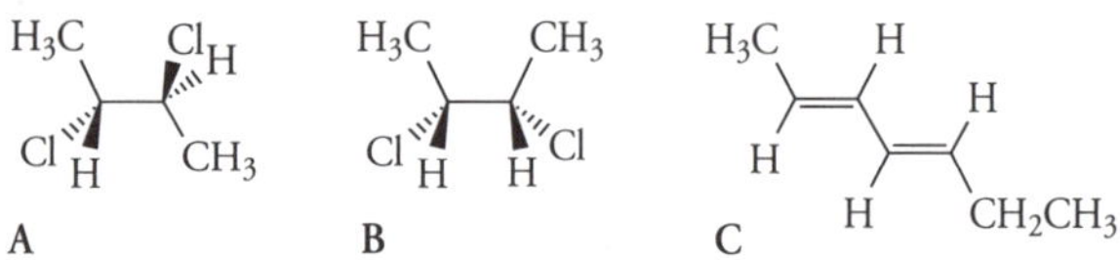

1. A et B sont-ils des stéréoisomères de conformation ou de configuration ?

2. Peut-on les séparer et les isoler ?

3. Dans quelle configuration se trouvent les deux doubles liaisons C=C du composé C ?

Solution

1. Par rotation autour de la liaison C—C, on passe de A à B, ce sont des stéréoisomères de conformation : A est dans une conformation décalée et B dans une conformation éclipsée.
2. On ne peut pas les isoler car il s'agit d'une même molécule.
3. Les deux doubles liaisons C=C sont dans la configuration E avec les H de part et d'autre de la double liaison.

Identifier une molécule chirale

16

QUIZ p. 39

RAPPELS DE COURS

1 La chiralité

▶ Si l'on place sa main droite devant un miroir, c'est la main gauche qui apparaît. Il est impossible de superposer ses deux mains tournées vers soi, on dit qu'elles sont chirales.

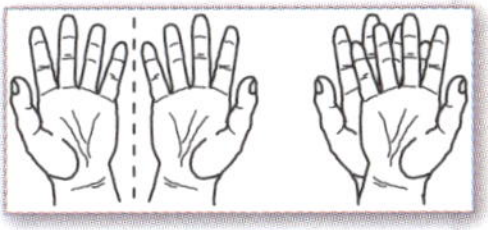

▶ La **chiralité** est la propriété d'un objet de ne pas être superposable à son image dans un miroir. Inversement, lorsqu'un objet est superposable à son image, il est dit **achiral.**

2 Molécule avec un carbone asymétrique

▶ Un atome de carbone lié à quatre atomes ou groupes atomes différents est appelé **carbone asymétrique.** On le note **C*.**

▶ Lorsqu'une molécule possède un seul atome de carbone asymétrique C*, pour la représenter dans l'espace, on peut construire deux molécules différentes non superposables et l'image l'une de l'autre dans un miroir plan. Ce sont donc des stéréoisomères de configuration, appelées **énantiomères.** Une telle molécule est toujours **chirale.**

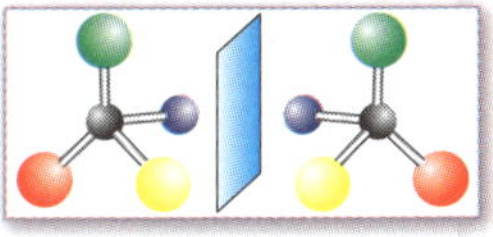

▶ On appelle **mélange racémique** un mélange équimolaire de deux énantiomères.

▶ Deux énantiomères présentent des propriétés chimiques et physiques identiques. Leurs propriétés biologiques et pharmacologiques sont presque toujours différentes.

3 Molécule avec deux carbones asymétriques

▶ L'acide 2,3-dihydroxybutanoique contient 2 carbones asymétriques. Chacun possède deux configurations possibles, il existe donc 4 stéréoisomères (voir schéma page suivante).

▶ a et b sont images l'un de l'autre dans un miroir et sont non superposables, de même c et d. Ils forment deux **couples d'énantiomères.** Ces molécules sont **chirales.**

▶ En revanche, a et d ne sont pas images l'un de l'autre ni superposables, ce sont des **diastéréoisomères** (→ FICHE 15). De même (a ; c) ; (b ; c) et (b ; d). Ces molécules sont **achirales**.

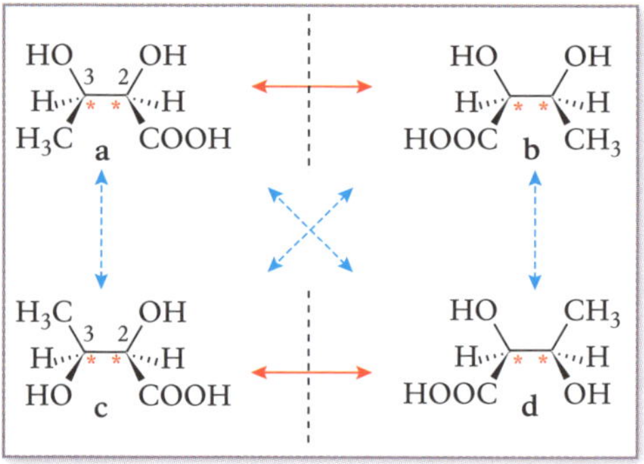

MÉTHODE

Reconnaître une espèce chirale

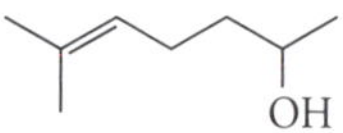

Le sulcatol (ci-contre) est la phéromone de rassemblement d'un coléoptère, le scolyte.

1. Existe-t-il une isomérie Z—E pour cette molécule ?

2. Cette molécule est-elle chirale ?

3. Dessiner cette molécule en représentation de Cram.

Solution

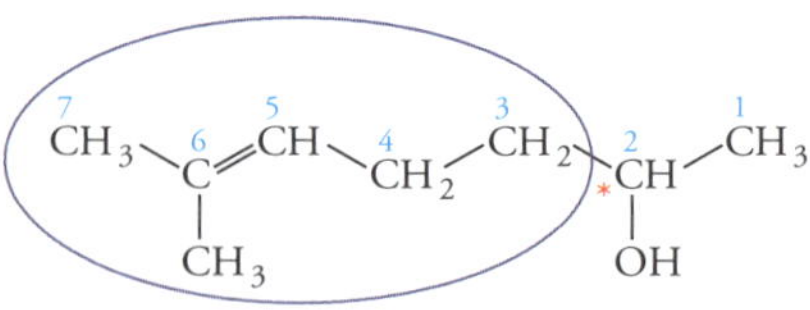

1. La présence de deux groupes méthyle sur le même atome de carbone (6) rend impossible une isomérie de configuration Z—E.

2. Le carbone n° 2 est un carbone asymétrique car il est lié à 4 atomes ou groupes d'atomes différents. Cette molécule existe sous deux configurations différentes, image l'une de l'autre et non superposables. Cette molécule est donc chirale.

3. Soit R le groupement entouré en bleu, on peut représenter deux molécules images l'une de l'autre.

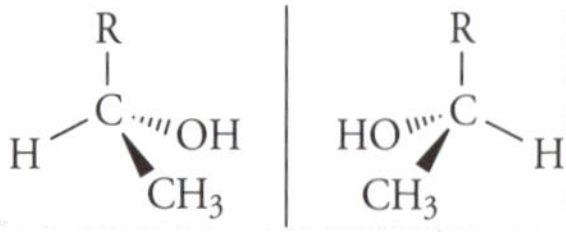

Comprendre les propriétés biologiques des stéréoisomères

17

? QUIZ p. 39

RAPPELS DE COURS

1 Les acides α-aminés

▶ Les acides α-aminés sont des molécules polyfonctionnelles qui comportent au moins une fonction **acide carboxylique** (—COOH) et une **fonction amine** (—NH_2). Ces deux fonctions sont portées par le même atome de carbone asymétrique C*, excepté pour l'acide α-aminé le plus simple, appelé glycine, où R=H.

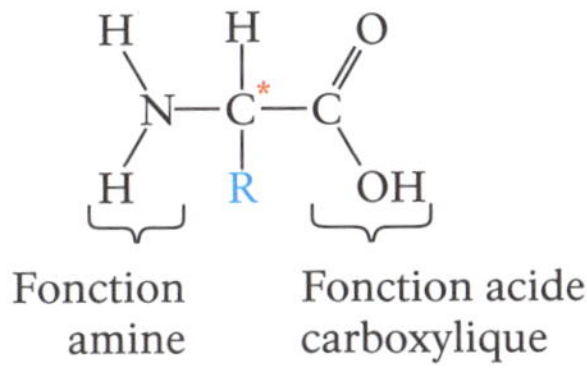

C* = carbone asymétrique
R = Radical. C'est la chaîne latérale de l'acide aminé.

▶ Les acides α-aminés existent sous deux énantiomères du fait de la présence du carbone asymétrique. Ce sont des molécules chirales. Mais dans la nature, seul l'un ou l'autre des énantiomères est présent !

2 La liaison peptidique, les peptides, les protéines

▶ La réaction entre deux molécules acides α-aminés donne un dipeptide et de l'eau selon l'équation :

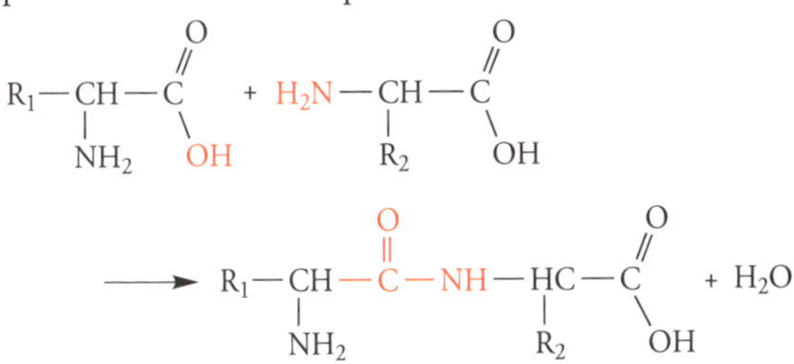

▶ Le **groupe amide** qui relie les deux acides α-aminés dans le dipeptide obtenu est appelé **liaison peptidique.**

▶ Une **protéine** est une macromolécule composée d'une ou plusieurs chaînes d'acides aminés reliées par des liaisons peptidiques. Les **enzymes**, protéines présentes dans les cellules des êtres vivants, catalysent les réactions chimiques.

3 Des configurations spécifiques pour une activité biologique

▶ La possibilité de **changer de conformation**, du fait de la rotation autour de liaisons, donne aux molécules (acides aminés, enzymes, protéines, etc.) une flexibilité leur permettant de s'adapter les unes aux autres dans l'espace. Cette **adaptabilité** joue un rôle déterminant dans les propriétés biologiques.

▶ L'efficacité et la sélectivité des enzymes ou des principes actifs reposent sur leur caractère chiral. En effet, très souvent, seul l'un des deux énantiomères d'une molécule chirale peut agir, par exemple en tant que principe actif d'un médicament.

▶ Certaines propriétés sont liées à la **présence d'un C***, comme les propriétés olfactives, gustatives et thérapeutiques.

EXEMPLE La thalidomine (ci-contre) soulage les nausées. L'autre énantiomère provoque un développement anormal de l'embryon.

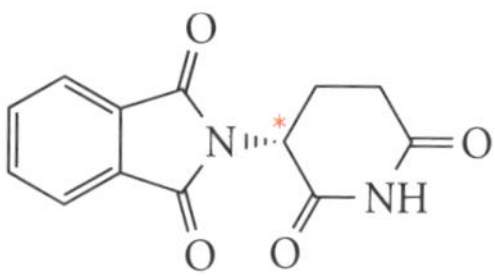

EXEMPLE Les deux énantiomères du limonène possèdent des propriétés olfactives différentes.

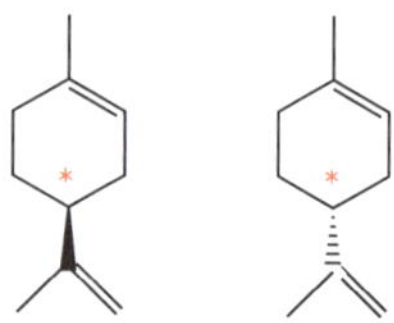

Odeur de citron Odeur d'orange

MÉTHODE

Relier un stéréoisomère à ses propriétés biologiques

Justifier le fait que deux molécules du propranolol (ci-contre) existent. Leurs effets physiologiques sont différents, l'un est un contraceptif alors que l'autre est un β-bloquant. Comment expliquer ces différences ?

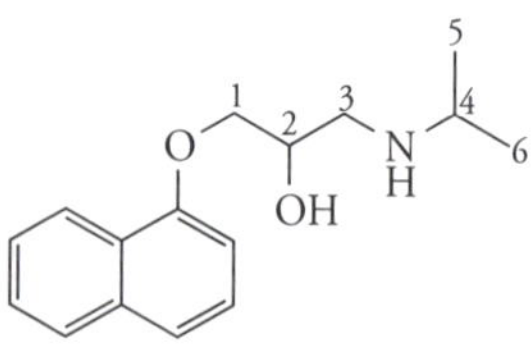

SOLUTION

Le propranolol possède un atome de carbone asymétrique, le carbone 2, cette molécule est chirale. Elle a donc deux énantiomères, images l'un de l'autre mais non superposables, ayant une activité physiologique propre.

Quiz express

Cochez la ou les bonnes réponses.

18

Stéréoisomérie

1 La formule brute d'une molécule

Ci-contre est représentée la formule topologique de l'aspirine.

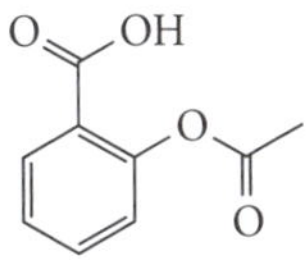

Sa formule brute est :

☐ a. $C_8H_8O_4$

☐ b. $C_9H_5O_4$

☐ c. $C_9H_8O_4$

2 Les différentes représentations d'une molécule

La molécule ci-contre est donnée en :

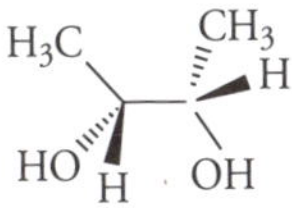

☐ a. formule semi-développée

☐ b. représentation de Cram

☐ c. représentation de Lewis

3 Identifier des stéréoisomères

La phéromone sexuelle du bombyx contient du bombykol de formule semi-développée :

$CH_3-CH_2-CH_2-CH=CH-CH=CH-(CH_2)_9-OH$

☐ a. Cette molécule présente une isomérie de configuration.

☐ b. Il existe 2 stéréoisomères de cette molécule.

4 Les stéréoisomères et la chiralité

Modèles moléculaires de la glycine et de l'alanine :

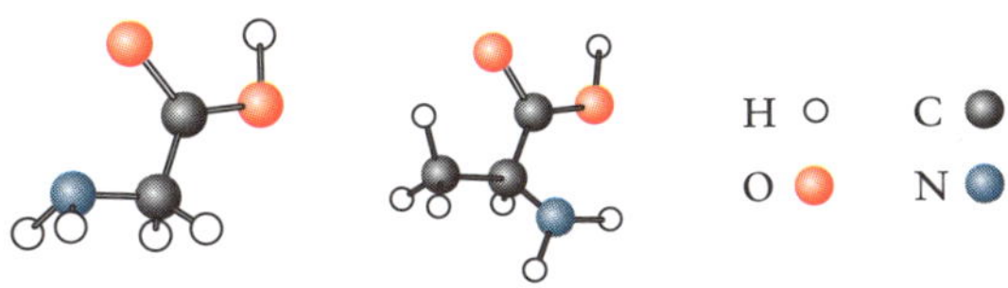

Glycine Alanine

☐ a. La glycine existe sous deux stéréoisomères de configurations.

☐ b. L'alanine possède deux diastéréoisomères.

☐ c. L'alanine est une molécule chirale.

Corrigés !

Score : ... / 4

1 *La formule brute d'une molécule*

Fiche 14

Réponse c. À partir de la formule topologique on détermine la formule semi-développée de l'aspirine. On en déduit sa formule brute $C_9H_8O_4$.

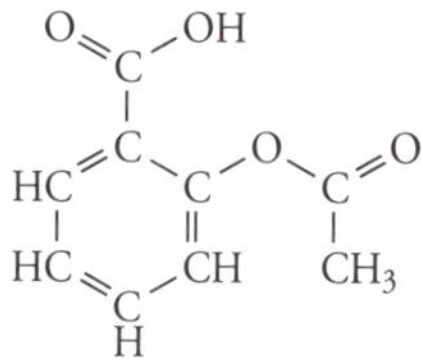

2 *Les différentes représentations d'une molécule*

Fiche 14

Réponse b. Cette molécule est en représentation de Cram (ou perspective) : on retrouve les conventions trait épais en avant du plan, en pointillé en arrière et trait « normal » dans le plan.

3 *Identifier des stéréoisomères*

Fiche 15

a. Vrai. Cette molécule présente une isomérie de configuration, car les liaisons doubles C=C présentent une isomérie Z/E.

b. Faux. Il existe 4 stéréoisomères de cette molécule car chaque double liaison existe sous deux configurations Z ou E. On aura donc les stéréoisomères Z—Z ; Z—E ; E—Z et E—E.

4 *Les stéréoisomères et la chiralité*

Fiches 15 et 16

a. Faux. La glycine de formule semi-développée $NH_2—CH_2—COOH$, ne possède pas de carbone asymétrique ni de double liaison C=C. Il n'y a pas de possibilité d'avoir des stéréoisomères.

b. Faux. L'alanine possède deux énantiomères.

Elle possède un carbone asymétrique donc existe sous deux configurations non superposables et image l'une de l'autre, donc énantiomères ! Des diastéréoisomères ne sont pas image l'un de l'autre.

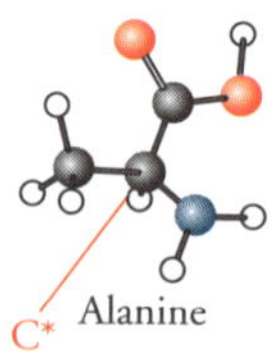

c. Vrai. L'alanine est une molécule chirale.

Cette molécule est non superposable à son image dans un miroir donc elle est chirale. (Toute molécule qui possède un seul atome de carbone asymétrique est forcément chirale !)

Repérer un groupe caractéristique 19

QUIZ p. 47

RAPPELS DE COURS

1 Les composés oxygénés

Famille Suffixe	Groupe caractéristique	Formule générale et fonction	
Les alcools Suffixe « **ol** »	$-OH$ Groupe hydroxyle	Fonction alcool $R-OH$ $R-CH_2-OH$ Alcool primaire $R-CH(R')-OH$ Alcool secondaire (R et R′ différents de H)	$R-C(R'')(R')-OH$ Alcool tertiaire (R, R′ et R* différents
Les aldéhydes Suffixe « **al** »	$>C=O$ Groupe carbonyle	Fonction aldéhyde	$R-C(=O)-H$
Les cétones Suffixe « **one** »	$>C=O$ Groupe carbonyle	Fonction cétone	$R'(R'')C=O$
Les acides carboxyliques Suffixe « **oïque** »	$-C(=O)-OH$ Groupe carboxyle	Fonction acide carboxylique	$R-C(=O)-OH$
Les esters Suffixe « **oate** » d'alkyle	$-C(=O)-O-R'$ Groupe ester	Fonction ester	$R-C(=O)-O-R'$

2 *Les composés azotés*

La désignation amine primaire, secondaire et tertiaire fait référence au nombre d'atomes de carbone liés à l'atome d'azote.

Famille Suffixe	**Groupe caractéristique**	**Formule générale et fonction**
Les amines Suffixe « **amine** »	$-NH_2$ Groupe amino $-\underset{\underset{R}{\vert}}{N}-R_1$ N substitué et N, N disubstitué	$R-NH_2$ Amine primaire $R_1-\underset{\underset{R_2}{\vert}}{N}-H$ Amine secondaire $R_3-\underset{\underset{R_2}{\vert}}{N}-R_1$ Amine tertiaire
Les amides Suffixe « **amide** »	$-C(=O)-\underset{\vert}{N}-$ Groupe amide	Fonction amide $R-C(=O)-\underset{\underset{R_1}{\vert}}{N}-R_2$

MÉTHODE

Identifier des groupes caractéristiques

L'aspartame est un édulcorant utilisé dans l'agroalimentaire de formule ci-dessous.
Indiquer le nom des groupes caractéristiques présents.

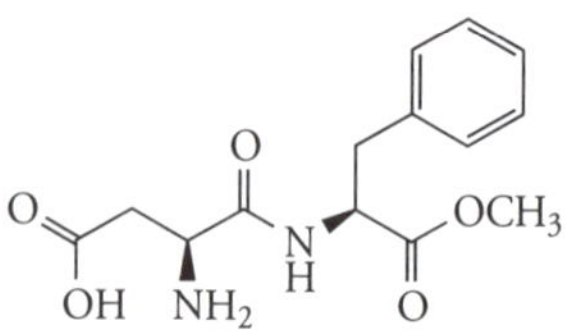

SOLUTION

On reconnaît de gauche à droite :
le groupe carboxyle $-COOH$, puis un groupe amino $-NH_2$, un groupe amide $-\underset{\underset{O}{\|}}{C}-NH-$ puis un groupe ester $-COO-R$.

Connaître les règles de nomenclature (1)

20

QUIZ p. 47

RAPPELS DE COURS

1 Les alcanes

Ce sont des hydrocarbures saturés à chaîne carbonée non cyclique, éventuellement ramifiée, de formule C_nH_{2n+2}.

A Alcanes à chaine carbonée linéaire

Leur nom s'obtient en ajoutant le suffixe « ane » à un préfixe qui indique le nombre de carbones de la chaîne principale.

B Groupes alkyle

Si l'on enlève un atome d'hydrogène à un alcane, on obtient un groupe alkyle dont le nom s'écrit en remplaçant le suffixe « ane » par « yle ».

C Alcanes à chaine ramifiée

Leur nom s'obtient en faisant précéder le nom de l'alcane se rapportant à la chaîne principale la plus longue d'un préfixe correspondant au groupe alkyle. On ajoute ensuite devant ce nom un nombre indice (minimal) indiquant la position du groupe alkyle sur la chaine carbonée.

EXEMPLE Le 2-méthylbutane.

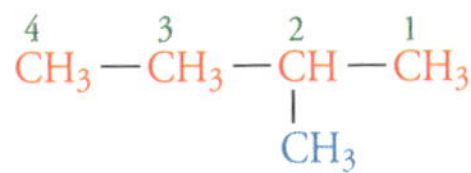

2 Les alcènes

Ce sont des hydrocarbures insaturés dont la molécule contient une liaison double carbone-carbone, de formule C_nH_{2n}.

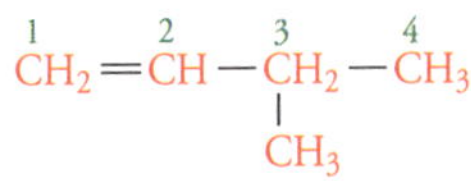

3-Méthylbut-1-ène

Le suffixe « ène » remplace le suffixe « ane » dans le nom de l'alcane donné par la chaîne principale. Un indice (minimal) précède le suffixe « ène » pour indiquer sa position.

3 Les alcools

▶ Le suffixe « ol » remplace le suffixe « ane » dans le nom de l'alcane donné par la chaîne principale.

▶ La chaîne principale est la chaîne carbonée linéaire la plus longue portant obligatoirement le groupe caractéristique, ici hydroxyle —OH. Un suffixe est précédé de l'indice, toujours minimal, de position du groupe caractéristique.

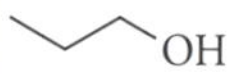	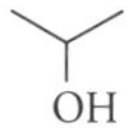	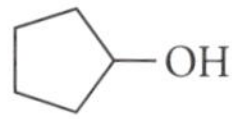	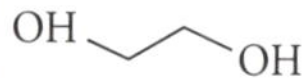
Propan-1-ol	Propan-2-ol	Cyclopentanol	Éthane-1,2-diol

Pour un alcane cyclique, le nom est précédé de « cyclo ». Un préfixe (di, tri, tétra…) indique le nombre de groupes, il est précédé de l'indice de position.

4 Les aldéhydes et les cétones

▶ Le suffixe est « al » pour les aldéhydes et « one » pour les cétones. Il remplace le suffixe « ane » dans le nom de l'alcane donné par la chaîne principale.

▶ Le carbone fonctionnel des aldéhydes, en bout de chaîne, correspond au carbone n° 1 de la chaîne principale, l'indice 1 n'est donc jamais indiqué.

EXEMPLE

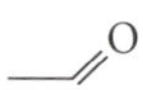

Éthanal

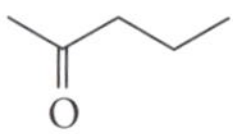

Pentan-2-one

MÉTHODE

Nommer des composés

Nommer le composé ci-contre :

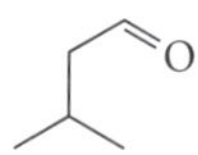

SOLUTION

La chaîne carbonée la plus longue possède 4 carbones.
On reconnaît sur le carbone 1 la fonction aldéhyde, il s'agit du butanal. De plus sur le carbone 3 est fixé un méthyle, d'où le nom de 3-méthylbutanal.

Connaître les règles de nomenclature (2)

21

QUIZ p. 47

RAPPELS DE COURS

1 Les acides carboxyliques

▶ Pour les acides carboxyliques, le suffixe « oïque » remplace le suffixe « ane » dans le nom de l'alcane donné par la chaîne principale et on fait précéder le nom du mot « acide ».

▶ Le carbone fonctionnel des acides se trouvant en bout de chaîne, il correspond au carbone n° 1 de la chaîne principale, l'indice 1 n'est donc jamais indiqué.

EXEMPLE

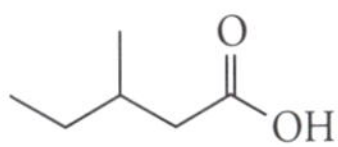

Acide 3-méthylpentanoïque

2 Les esters

Le suffixe « oate » remplace le suffixe « ane » dans le nom de l'alcane donné par la chaîne principale auquel on ajoute le nom du groupement alkyle.

EXEMPLE

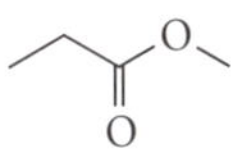

Propanoate de méthyle

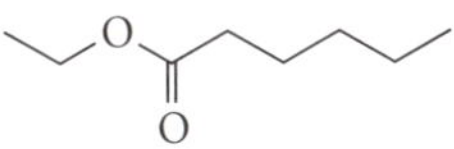

Hexanoate d'éthyle

3 Les composés azotés : amine et amide

▶ Les amines se reconnaissent par le suffixe « amine ». La chaîne la plus longue contenant l'atome d'azote N donne la racine du nom. Celui-ci est précédé de l'indice N suivi des autres groupes alkyles fixés sur l'azote s'il est substitué.

EXEMPLE

Propan-2-amine

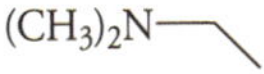

N, N Diméthyléthanamine

▶ Les amides se reconnaissent par le suffixe « amide ». La fonction se trouvant en bout de chaîne, l'indice 1 n'est jamais indiqué. Si l'azote est substitué par des groupes alkyles, ils sont précédés de l'indice N.

EXEMPLE

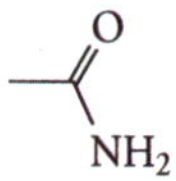

Éthanamide

4 Les composés polyfonctionnels

▶ Si plusieurs fonctions sont sur une même chaîne carbonée, d'après les règles officielles, il faut respecter certaines priorités.
La fonction alcool —OH est prioritaire sur la fonction amine. Le groupe NH_2 est indiqué alors comme substituant, soit amino.

EXEMPLE

3-aminopropan-1-ol

▶ La fonction acide carboxylique est prioritaire sur la fonction amine, elle est alors indiquée comme substituant (amino).
Il s'agit alors d'un **aminoacide** intervenant dans les réactions biochimiques. Le carbone fonctionnel (—COOH) porte le numéro 1, le carbone suivant c'est-à-dire le carbone n° 2 est appelé carbone α, le carbone n° 3, β, etc.

C—C—C—C—C—COOH
ε δ γ β α

Dans les acides α-aminés, le groupe amino se trouve sur le carbone α.

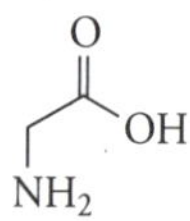

Acide-2-amino-éthanoïque

MÉTHODE

Nommer un composé carboné

Nommer le composé ci-contre :

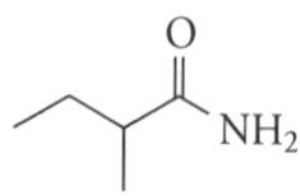

SOLUTION

On reconnait la fonction amide dont le carbone fonctionnel porte le numéro 1. La chaîne a 4 carbones, c'est la butanamide ; un méthyle se trouve sur le carbone 2, il s'agit du 2-méthylbutanamide.

Quiz express

Cochez la ou les bonnes réponses.

22

Groupes caractéristiques et nomenclature

1 Reconnaître des groupes caractéristiques

Le citronnellal, constituant de l'essence de citronnelle, est représenté par sa formule topologique.

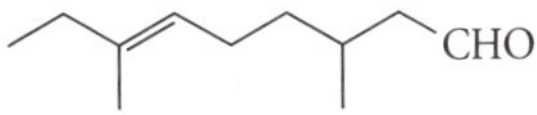

- ☐ **a.** Le citronellal contient le groupe caractéristique carboxyle.
- ☐ **b.** Le citronellal appartient à la famille des cétones.

2 Identifier des groupes caractéristiques

L'acide chlorogénique est représenté ci-contre.

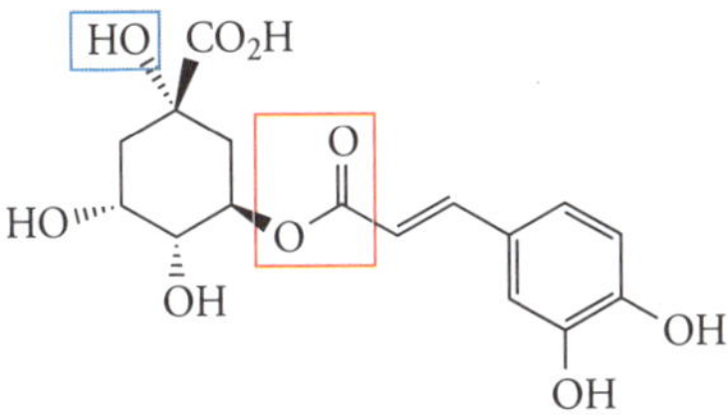

- ☐ **a.** Le groupe caractéristique encadré en rouge est un groupe carboxyle.
- ☐ **b.** Le groupe caractéristique encadré en bleu est un groupe hydroxyle.
- ☐ **c.** L'acide chlorogénique présente sur sa structure les groupes caractéristiques ester et amide.

3 Nommer une molécule

Ce composé s'appelle le :

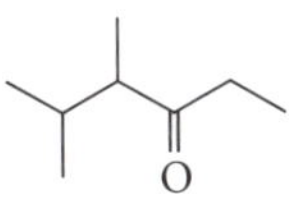

- ☐ **a.** 3,4-diméthylpentan-one
- ☐ **b.** 4,5-méthylhexan-3-one
- ☐ **c.** 4,5-diméthylhexan-3-one

4 Nomenclature et groupes caractéristiques

Dans l'acide 2-aminopropanoïque, on reconnait d'après son nom :

- ☐ **a.** les groupes caractéristiques carboxyle et amide
- ☐ **b.** les groupes caractéristiques carbonyle et amine
- ☐ **c.** les groupes caractéristiques carboxyle et amine

Corrigés !

Score : ... / 4

1 *Reconnaître des groupes caractéristiques* — Fiche 19

a. Faux.

Le citronellal contient le groupe caractéristique carbonyle.

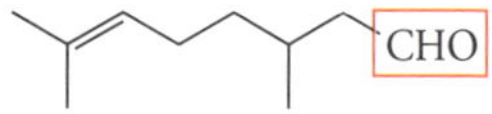

b. Faux.

Il appartient à la famille des aldéhydes dont le groupe caractéristique —CH=O se trouve toujours en bout de chaine contrairement au cétone.

2 *Identifier des groupes caractéristiques* — Fiche 19

a. Faux.

Le groupe caractéristique encadré en rouge est un groupe ester.

b. Vrai.

Le groupe caractéristique encadré en bleu est un groupe hydroxyle —OH.

c. Faux.

L'acide chlorogénique présente sur sa structure les groupes carboxyle, hydroxyle et ester.

3 *Nommer une molécule* — Fiches 19 et 20

Réponse c.

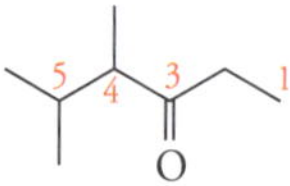

La chaîne carbonée la plus longue a six carbones. On reconnait sur le carbone 3 le groupe carboxyle, en milieu de chaîne, c'est une cétone (hexan-3-one). Mais sur la chaîne, on note aussi en positions 4 et 5 un méthyle. Ce composé s'appelle le 4,5-diméthylhexan-3-one.

4 *Nomenclature et groupes caractéristiques* — Fiches 19, 20 et 21

Réponse c.

Dans l'acide 2-aminopropanoïque, on reconnait d'après son nom :

– le groupe caractéristique carboxyle : acide....oïque
– le groupe caractéristique amino $—NH_2$.

Identifier les sites donneur et accepteur d'électrons

23

QUIZ p. 53

RAPPELS DE COURS

1 Les liaisons polarisées

▶ L'**électronégativité** d'un élément caractérise sa capacité à attirer les électrons lors de la formation d'une liaison chimique.

▶ La différence d'électronégativité entre des atomes permet de prévoir la polarité des liaisons qu'ils forment entre eux. Si les deux atomes sont différents, les électrons mis en commun sont attirés vers celui ayant la plus grande électronégativité. Cette liaison alors est **polarisée** ou **polaire** (→ DÉPLIANT, I).

▶ L'atome le plus électronégatif porte un excès de charge négative et le moins électronégatif une fraction de charge positive. Ces excès de charges s'appellent des **charges partielles**, on les note δ.

EXEMPLE La liaison —C=O

Cette liaison est polarisée car l'oxygène est plus électronégatif que le carbone.

$\overset{\delta^+}{C}=\overset{\delta^-}{O}$

▶ Si les deux atomes sont identiques, la liaison est **apolaire**.

2 Site donneur et site accepteur d'électrons

▶ Un site **donneur d'électrons** (*nucléophile*) est un atome **riche en électrons**. Il peut s'agir d'un atome porteur d'une charge entière négative $D^{\ominus}$, d'une charge partielle négative $\delta^{\ominus}$ ou d'un atome possédant un ou plusieurs doublets non liants. Une liaison multiple constitue également un site donneur d'électrons.

▶ Un site **accepteur d'électrons** (*électrophile*) est un atome pauvre en électrons. Il peut s'agir d'un atome porteur d'une charge entière positive $A^{\oplus}$ ou d'une charge partielle positive $\delta^{\oplus}$.

3 Notion de mécanisme réactionnel

À l'échelle microscopique, le **mécanisme réactionnel** est la succession d'étapes ayant lieu lors du passage des réactifs aux produits. Chaque étape résulte de **l'interaction** entre un site donneur d'électron et un site accepteur de doublets d'électrons.

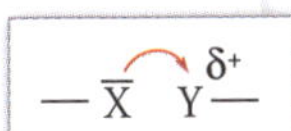

▶ La **formation d'une liaison** se schématise par une **flèche courbe** toujours orientée du site donneur (nucléophile) vers le site accepteur (l'électrophile).

▶ Lors de la rupture d'une liaison, généralement un site donneur récupère son doublet.

EXEMPLE L'hydratation d'un alcène en milieu acide.

Étape 1 : formation d'une liaison	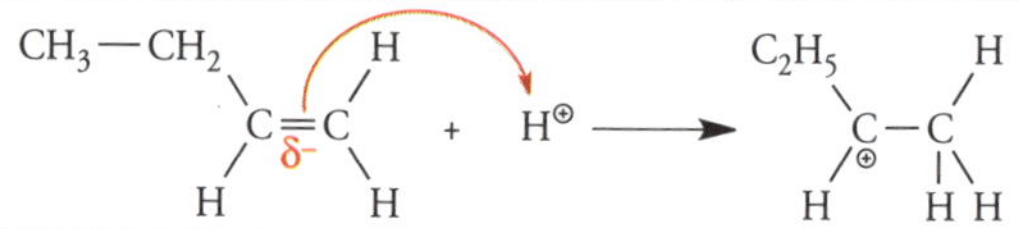
Étape 2 : formation d'une liaison	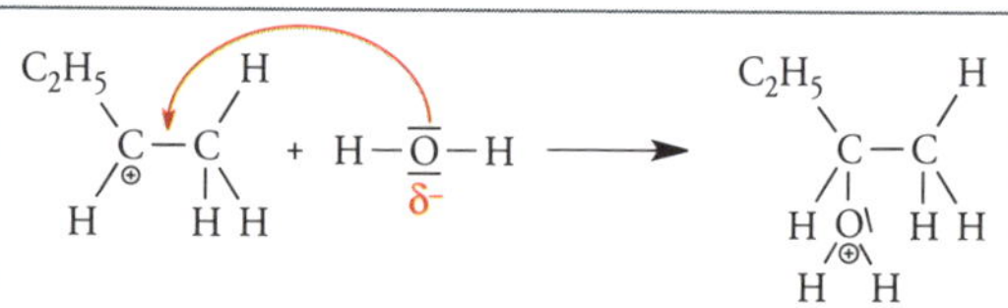
Étape 3 : rupture d'une liaison	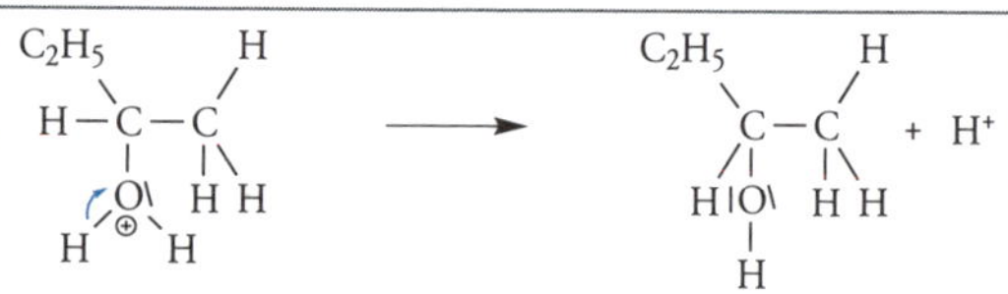

MÉTHODE

Repérer les sites donneur et accepteur

Réaction du chlorométhane avec les ions hydroxyde :

$$HO^- + CH_3{-}Cl \rightarrow CH_3{-}OH + Cl^-$$

1. Préciser les sites donneur et accepteur d'électrons de chaque réactif.

2. Avec des flèches courbes, expliquer la première étape du mécanisme réactionnel (rupture et formation de liaisons).

SOLUTION

1. Dans le chlorométhane, le carbone (δ^+) est moins électronégatif que le chlore (δ^-) donc la liaison C—Cl est polarisée. L'oxygène de l'ion hydroxyde porte une charge négative, c'est un site donneur. Il va réagir avec le carbone (δ^+) du C—Cl qui est un site accepteur.

2.

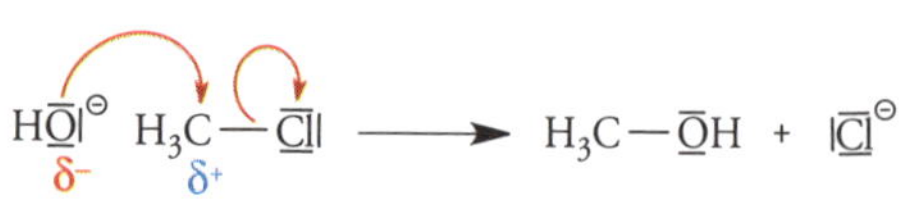

Connaître les grandes catégories de réactions chimiques

24

QUIZ p. 53

RAPPELS DE COURS

1 La réaction de substitution

Un réactif, ou une partie de celui-ci (ici Y), vient se **substituer** à une partie de l'autre réactif (ici X).

EXEMPLE $CH_3-CH_2-OH + H-Br \rightarrow CH_3-CH_2-Br + H_2O$
Ici, l'ion bromure du bromure d'hydrogène se substitue au groupe hydroxyle de l'éthanol.

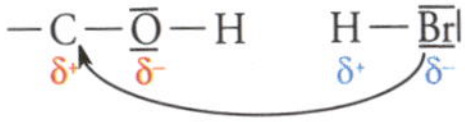

2 La réaction d'addition

L'un des réactifs vient se **fixer** sur une liaison double d'un alcène ou une liaison triple d'un alcyne ($-C\equiv C-$). Cette réaction conduit à la formation d'un seul produit.

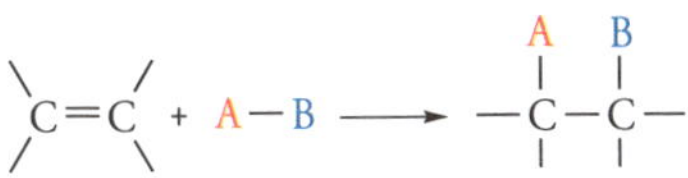

EXEMPLE L'addition de dibrome sur le propène conduit au 1,2-dibromopropane :

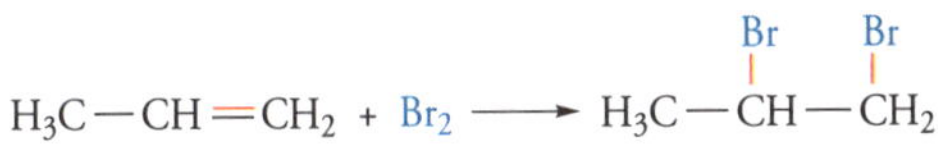

3 La réaction d'élimination

Au cours d'une telle réaction, une **double liaison** se forme, ce qui conduit à l'apparition de **sous-produits**.

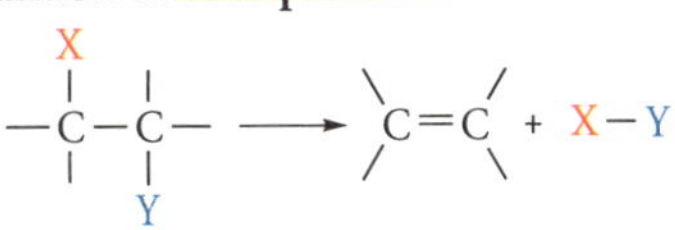

EXEMPLE La déshydratation d'un alcool conduit à un alcène.

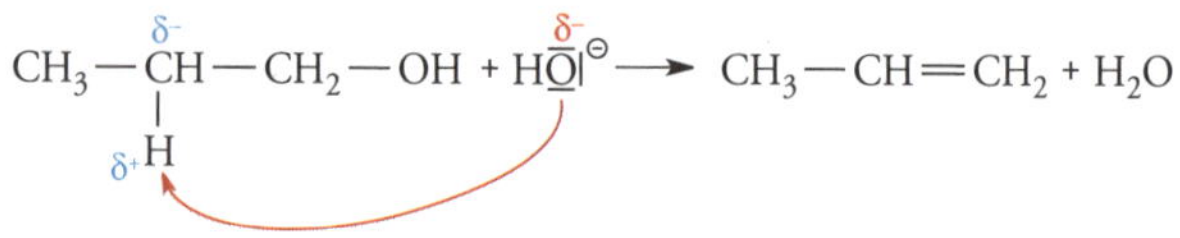

HO^- est une base forte qui arrache un proton au propan-1-ol.

MÉTHODE

Expliquer le mécanisme d'une réaction

On donne les deux étapes du mécanisme d'une réaction.

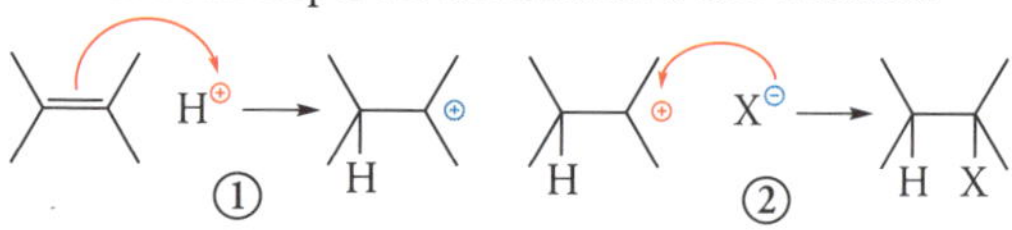

1. Justifier le sens des flèches indiqué dans chaque étape.
2. Écrire l'équation-bilan de la réaction.
3. Dans quelle catégorie se situe cette réaction ? Justifier.

SOLUTION

1. Dans l'étape 1, la double liaison C=C contient des électrons alors que le proton H^+ est un site déficitaire en électrons. La liaison C=C est donc susceptible de donner un doublet au site accepteur H^+. La flèche part bien du site donneur vers le site accepteur.
Dans l'étape 2, X^- est un site donneur alors que le composé chargé positivement est un site accepteur. La flèche part bien du site donneur vers le site accepteur.
2. L'équation-bilan s'écrit :

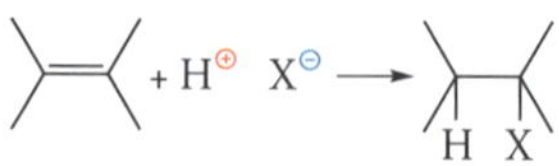

3. Il se forme un seul produit. Le réactif HX s'est fixé sur la double liaison, il s'agit d'une réaction d'addition.

Quiz express 25

Cochez la ou les bonnes réponses.

Transformation en chimie organique

1 Les charges partielles et l'électronégativité

Un atome possède une charge partielle δ^- si :

- ☐ **a.** il est lié à un atome plus électronégatif
- ☐ **b.** il est lié à un atome moins électronégatif
- ☐ **c.** si il est lié à un autre atome que lui-même

2 Les sites donneur et accepteur

La liaison C=C :

- ☐ **a.** est un site donneur d'électrons
- ☐ **b.** est un site accepteur d'électrons
- ☐ **c.** peut être un site donneur ou accepteur

3 La liaison polarisée

La liaison C—Cl est une liaison polarisée C(δ+) et Cl(δ–). Le carbone :

- ☐ **a.** est un site donneur d'électrons
- ☐ **b.** est un site accepteur d'électrons
- ☐ **c.** peut-être un site donneur ou accepteur

4 La formation d'une liaison

Au cours d'un mécanisme, une liaison se forme. Elle est représentée par une flèche qui part :

- ☐ **a.** du site accepteur
- ☐ **b.** du site donneur
- ☐ **c.** de l'un ou de l'autre

5 La catégorie d'une réaction

1. La réaction ci-dessous est une réaction :

$$(CH_3)_3C—Cl + H_2O \rightarrow ROH + H^+_{(aq)} + Cl^-_{(aq)}$$

☐ **a.** de substitution ☐ **b.** d'élimination ☐ **c.** d'addition

2. La réaction ci-dessous est une réaction :

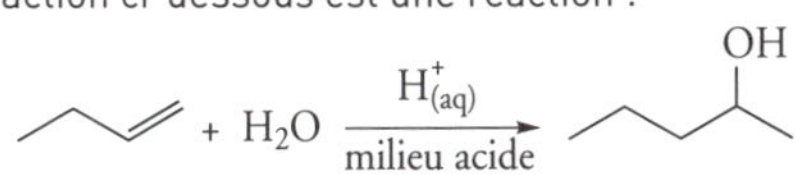

☐ **a.** de substitution ☐ **b.** d'élimination ☐ **c.** d'addition

Corrigés

Score : ... / 5

1 *Les charges partielles et l'électronégativité*

Fiche 23

Réponse b.

Un atome possède une charge partielle δ^- s'il est lié à un atome moins électronégatif.

2 *Les sites donneur et accepteur*

Fiche 23

Réponse a.

La liaison C=C est un site donneur d'électrons car un doublet de la liaison double peut être engagé dans la formation d'une liaison.

3 *La liaison polarisée*

Fiche 23

Réponse b.

La liaison C—Cl est une liaison polarisée C(δ+) et Cl(δ^-). Le carbone est un site accepteur d'électrons car déficitaire en électrons.

4 *La formation d'une liaison*

Fiche 23

Réponse b.

Au cours d'un mécanisme, une liaison se forme. Elle est représentée par une flèche qui part du site donneur car c'est lui qui donne le doublet pour former la nouvelle liaison avec le site accepteur.

5 *La catégorie d'une réaction*

Fiche 24

1. **Réponse a.**

La réaction ci-dessous est une réaction de substitution, l'atome de chlore Cl a été remplacé par le groupe hydroxyle —OH.

$$(CH_3)_3C—Cl + H_2O \rightarrow ROH + H^+_{(aq)} + Cl^-_{(aq)}$$

2. **Réponse c.**

La réaction ci-dessous est une réaction d'addition où H_2O vient se fixer sur la liaison double du but-1-ène. Cette réaction conduit à un seul produit, ici le butan-2-ol.

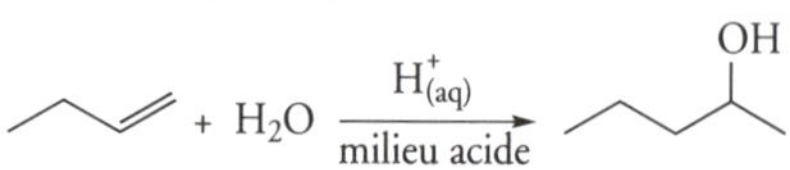

Déterminer le caractère acide ou basique d'une solution

26

? QUIZ p. 65

RAPPELS DE COURS

1 *Définition du pH*

▶ Le **pH**, abréviation de potentiel hydrogène, est un paramètre servant à définir si un milieu est acide ou basique. Il est sans unité et lié à la concentration en ions H_3O^+ présents dans le milieu par la relation :

$$\mathrm{pH} = -\log([H_3O^+])$$

où $[H_3O^+]$ s'exprime en $\mathrm{mol \cdot L^{-1}}$.

Cette relation est équivalente à :

$$[H_3O^+] = 10^{-\mathrm{pH}}$$

▶ Le pH est un **facteur logarithmique** : il diminue d'une unité quand la solution devient dix fois plus acide, de deux unités quand elle devient 100 fois plus acide et ainsi de suite.

▶ Le pH d'une solution est d'autant plus faible que sa concentration en ions H_3O^+ est élevée.

2 *Mesure du pH*

▶ On mesure le pH à l'aide d'un **pH-mètre**. Cette mesure dépend de la concentration en ions H_3O^+ et de la température.

▶ Une incertitude de 0,05 unité sur la mesure du pH entraine une incertitude relative $\dfrac{U[H_3O^+]}{[H_3O^+]}$ de l'ordre de 10 % sur la concentration en ions H_3O^+ déduite de cette mesure.

En conséquence, toute concentration déduite d'une mesure de pH doit être exprimée avec, au maximum, deux chiffres significatifs (→ DÉPLIANT, X).

▶ Une détermination approchée de la valeur du pH peut être faite à l'aide de **papier pH** ou d'**indicateurs colorés**. Ce sont des substances dont la couleur dépend du pH.

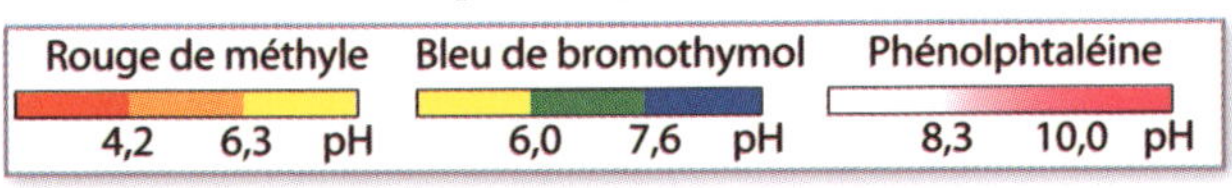

3 *Caractère d'une solution*

▶ À 25 °C, une solution aqueuse est neutre si elle contient autant d'ions H_3O^+ que l'eau pure, c'est-à-dire si $[H_3O^+] = 1{,}0 \times 10^{-7}\ mol \cdot L^{-1}$ soit pH = 7.
Le transfert d'un proton H^+ entre deux molécules d'eau donne un ion H_3O^+ et un ion hydroxyde HO^-. C'est l'**autoprotolyse de l'eau :**

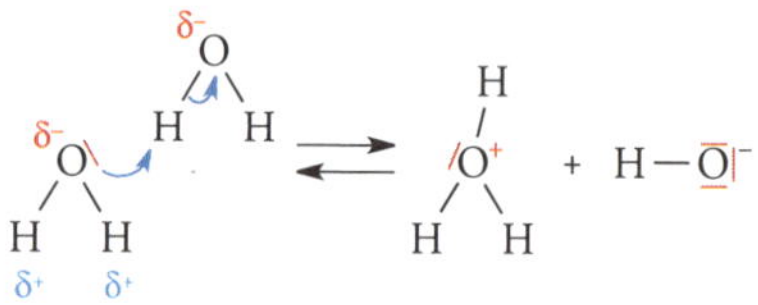

$$2\,H_2O \leftrightarrows H_3O + HO^-$$

▶ À 25 °C, une solution aqueuse est **acide** si elle contient plus d'ions H_3O^+ que l'eau pure, c'est-à-dire si pH < 7 et $[H_3O^+] > 1{,}0 \times 10^{-7}\ mol \cdot L^{-1}$.

▶ À 25 °C, une solution aqueuse est **basique** si elle contient moins d'ions H_3O^+ que l'eau pure, c'est-à-dire si pH > 7 et $[H_3O^+] < 1{,}0 \times 10^{-7}\ mol \cdot L^{-1}$.

▶ En général, l'ajout d'un acide diminue le pH d'une solution neutre ou basique ; inversement, l'ajout d'une base augmente le pH d'une solution acide ou neutre.

MÉTHODE

Déterminer le caractère acide ou basique d'une solution

Une solution diluée d'eau de javel a un pH de 10,9 à 25 °C.

1. Déterminer le pH d'une solution diluée de vinaigre blanc de concentration en ions $[H_3O^+] = 5{,}0 \times 10^{-3}\ mol \cdot L^{-1}$.

2. Que peut-on dire de la nature de ces solutions ?

SOLUTION

1. Pour la solution de vinaigre blanc $pH = -\log([H_3O^+]) = 2{,}3$.

2. Cette valeur est inférieure à 7, la solution diluée de vinaigre est donc acide alors que la solution diluée d'eau de Javel est basique $(pH = 10{,}9 > 7)$.

Calculer le pH d'un acide fort ou d'une base forte

27

QUIZ p. 65

RAPPELS DE COURS

1 Le produit ionique de l'eau

▶ Dans une solution aqueuse, pour une température donnée, le produit des concentrations en ions H_3O^+ et HO^-, appelé **produit ionique de l'eau K_e**, est toujours égal à la même constante. Il est indépendant des substances dissoutes et sans dimension.

$$K_e = [H_3O^+] \times [HO^-] = 1{,}0 \times 10^{-14} \text{ à 25 °C.}$$

On utilise souvent la relation $pK_e = -\log(K_e)$; à 25 °C, $pK_e = 14$.

▶ Dans une solution neutre, en raison de la réaction d'autoprotolyse de l'eau, $[H_3O^+] = [HO^-] = 1{,}0 \times 10^{-7}\ mol \cdot L^{-1}$ et $K_e = 10^{-14}$ d'où $pH = \frac{1}{2} pK_e = 7$.

Pour une **solution acide**, $pH < 7, [H_3O^+] > 10^{-7}$ et $[HO^-] < 10^{-7}\ mol \cdot L^{-1}$.

Pour une **solution basique**, $pH < 7, [H_3O^+] < 10^{-7}$ et $[HO^-] > 10^{-7}\ mol \cdot L^{-1}$ car $K_e = 10^{-14}$ à 25 °C.

2 Solutions aqueuses d'acide fort et de base forte

▶ Un **acide fort** est une espèce chimique qui s'ionise totalement dans l'eau pour donner, entre autre, des ions oxonium H_3O^+.

EXEMPLE Le chlorure d'hydrogène :

$$HCl_{(g)} + H_2O_{(\ell)} \rightarrow H_3O^+ + Cl^-_{(aq)}$$

La flèche « → » indique une réaction totale.

La dissolution de *n* mol d'acide fort dans un volume *V* donne *n* mol d'ions oxonium en solution. Sa concentration vaut :

$$c = \frac{n}{V} \text{ et } [H_3O^+] = \frac{n}{V} = c \text{ et } pH = -\log([H_3O^+]) = -\log c.$$

Pour toute solution **d'acide fort**, de concentration apportée c, le pH est donné par $pH = -\log c$ si $1{,}0 \times 10^{-6}\ mol \cdot L^{-1} < c < 5{,}0 \times 10^{-2}\ mol \cdot L^{-1}$.

▶ Une **base forte** est une espèce chimique qui se dissocie totalement dans l'eau ou réagit avec l'eau selon une réaction totale pour donner, entre autre, des ions hydroxyde HO^-.

EXEMPLE L'hydroxyde de sodium :

$$NaOH_{(s)} \xrightarrow{H_2O} HO^-_{(aq)} + Na^+_{(aq)}$$

La dissolution de n mol de base forte dans un volume V donne n mol d'ions hydroxyde en solution. Sa concentration vaut : $c = \frac{n}{V}$ et $[HO^-] = \frac{n}{V} = c$ or $pH = -\log([H_3O^+]) = -\log \frac{K_e}{[HO^-]}$ soit $pH = 14 + \log c$.

Pour toute solution de base forte, de concentration apportée c, le pH est donné par : $\mathbf{pH = 14 + \log c}$

si $1{,}0 \times 10^{-6}\ mol \cdot L^{-1} < c < 5{,}0 \times 10^{-2}\ mol \cdot L^{-1}$.

MÉTHODE

Utiliser les propriétés des acides et des bases fortes

On dispose d'une solution d'hydroxyde de sodium de pH égal à 12,5.

1. Quelle est la concentration en ions hydroxyde ?

2. Quelle est la concentration molaire c en hydroxyde de sodium sachant qu'il s'agit d'une base forte ?

SOLUTION

1. Connaissant le pH, on détermine la concentration en ions H_3O^+ :

$$[H_3O^+] = 10^{-pH} = 10^{-12,5} = 3{,}2 \times 10^{-13}\ mol \cdot L^{-1}.$$

Comme $K_e = [H_3O^+] \times [HO^-] = 10^{-14}$ à 25 °C, on déduit la concentration en ions hydroxyde :

$$c = [HO^-] = \frac{K_e}{[H_3O^+]} = \frac{10^{-14}}{3{,}2 \times 10^{-13}} = 3{,}1 \times 10^{-2}\ mol \cdot L^{-1}.$$

2. Il s'agit d'une base forte dont la réaction de dissociation dans l'eau est totale et $c = 3{,}1 \times 10^{-2}\ mol \cdot L^{-1}$.

	$NaOH_{(s)}$ $\rightarrow$	$HO^-_{(aq)}$ +	$Na^+_{(aq)}$
État initial	c	0	0
État final	0	c	c

Identifier les couples acide/base

28

QUIZ p. 65

RAPPELS DE COURS

1 *Définitions de Brönsted*

▶ Un **acide HA** est une espèce chimique susceptible de céder un ou plusieurs protons H^+.

▶ Une **base A^-** est une espèce chimique susceptible de capter un ou plusieurs protons H^+.

▶ Un **couple acide/base** est constitué de deux espèces conjuguées qui échangent un proton selon le schéma : acide $\leftrightarrows$ base + H^+

2 *Couples acide-base*

▶ Un acide, ou une base, est **fort(e)** si sa réaction avec l'eau est **totale**. L'équation entre un acide fort et l'eau s'écrit :

$$HA + H_2O \rightarrow A^- + H_3O^+.$$

L'équation entre une base forte et l'eau s'écrit :

$$A^- + H_2O \rightarrow HA + HO^-.$$

Les espèces conjuguées d'un acide fort ou d'une base forte sont indifférents dans l'eau (ni acide, ni basique !).

EXEMPLE $HCl + H_2O \rightarrow Cl^- + H_3O^+$. L'ion chlorure ne réagit ni avec H_3O^+, ni avec l'eau, il est indifférent.

▶ Un **acide**, ou une **base**, est **faible** si sa réaction avec l'eau n'est **pas totale**. La réaction directe est limitée par la réaction inverse, cela conduit à un équilibre chimique signalé par une double flèche.

▶ La réaction entre un acide faible et l'eau s'écrit :

$$HA + H_2O \rightleftarrows A^- + H_3O^+, \text{ couple } HA / A^-.$$

On a un équilibre chimique car la base conjuguée A^- réagit avec les ions oxonium H_3O^+, les deux réactions ont lieu simultanément.
Dans une solution **d'acide faible** de concentration c, $[H_3O^+] < c$ et **pH > – log *c***.

▶ La réaction entre une base faible et l'eau s'écrit :

$$A^- + H_2O \rightleftarrows HA + HO^-, \text{ couple } HA / A^-.$$

L'acide conjugué HA réagit avec HO^-.
Dans une solution de **base faible** de concentration c, $[HO^-] < c$ et **pH < 14 + log *c***.

▶ L'eau intervient dans deux couples acide / base.
L'eau est l'acide du couple H_2O / HO^- et la base du couple H_3O^+ / H_2O, c'est une espèce **amphotère** ou un ampholyte.

3 *Réactions acido-basiques*

Toute réaction acido-basique se traduit par le transfert d'un proton entre un acide et une base de deux couples. L'équation de la réaction s'écrit :

$$\text{acide 1} + \text{base 2} \rightleftarrows \text{base 1} + \text{acide 2}.$$

A Réactions des acides et des bases faibles avec l'eau

$CH_3-CO_2H_{(aq)} + H_2O \rightleftarrows CH_3-COO^-_{(aq)} + H_3O^+$;
CH_3-CO_2H / CH_3-CO_2 et H_3O^+ / H_2O sont les deux couples intervenant où l'eau joue le rôle de base.
$NH_3 + H_2O \rightleftarrows NH^+_{4(aq)} + HO^-_{(aq)}$; NH_4^+ / NH_3 et H_2O / HO^- sont les deux couples intervenant où l'eau joue le rôle d'acide.

B Réactions entre un acide fort et une base forte

La réaction entre un acide fort et une base forte est rapide, exothermique et quasiment totale, elle a pour équation :

$$H_3O^+ + HO^-_{(aq)} \rightarrow 2H_2O.$$

Les deux couples de l'eau interviennent, il se produit un transfert de proton entre l'ion H_3O^+ et l'ion HO^-.

MÉTHODE

Distinguer des acides fort et faible

Une solution d'acide benzoïque $C_6H_5-CO_2H$ de concentration $c = 4{,}0 \times 10^{-3}\,\text{mol} \cdot \text{L}^{-1}$ a un pH de 3,3.

1. S'agit-il d'un acide fort ou faible ?

2. Identifier les couples mis en jeu.

SOLUTION

1. $[H_3O^+] = 10^{-3,3} = 5{,}0 \times 10^{-4}\,\text{mol} \cdot \text{L}^{-1} < c$, il y a moins d'ions H_3O^+ que d'acide benzoïque initial. Ce dernier réagit avec l'eau de façon limitée, c'est un acide faible.

2. L'équation s'écrit : $C_7H_6O_{2(aq)} + H_2O \rightleftarrows C_7H_5O^-_{2(aq)} + H_3O^+$
Les couples mis en jeu sont $C_6H_5-CO_2H_{(aq)} / C_6H_5-CO_2{}^-{}_{(aq)}$ et H_3O^+ / H_2O.

Établir le domaine de prédominance d'un couple acide/base

29

? QUIZ p. 65

RAPPELS DE COURS

1 Notion d'équilibre chimique

▶ Dans certaines réactions chimiques, le réactif limitant ne disparaît pas totalement à l'état final : la transformation chimique atteint un **équilibre** lorsque la concentration des espèces présentes n'évolue plus.

▶ Cet équilibre traduit l'existence de deux transformations chimiques inverses l'une de l'autre et se produisant simultanément.

2 Constante d'acidité K_a d'un couple acide/base et pK_a

▶ L'état d'équilibre où les concentrations de l'acide et de sa base conjuguée n'évoluent plus se traduit par une constante propre à chaque couple acide/base, et qui ne dépend que de la température.

▶ Un couple acide/base faible HA / A^- est caractérisé par sa **constante d'acidité K_a** grandeur sans dimension, définie par :

$$K_a = \frac{[A^-] \times [H_3O^+]}{[HA]}$$

où [HA], $[A^-]$ et $[H_3O^+]$ sont les concentrations molaires à l'**état final**.

K_a caractérise l'équilibre : $HA + H_2O \rightleftarrows A^- + H_3O^+$.

▶ Le pK_a d'un couple acide/base est défini par $pK_a = -\log K_a$. Pour tout couple acide/base en solution aqueuse : $0,0 < pK_a < 14$.

$$pK_a = -\log K_a \quad \text{soit} \quad K_a = 10^{-pK_a}$$

▶ Dans toute solution aqueuse, l'eau est en large excès, elle n'intervient pas dans l'expression de la constante d'acidité.

EXEMPLE Le couple acide éthanoïque/ion éthanoate à 25 °C $CH_3COOH_{(aq)}/CH_3COO^-_{(aq)}$; $K_a = 1,6 \times 10^{-5}$ soit $pK_a = 4,8$ à 25 °C.

3 Diagramme de prédominance d'un couple acide/base

▶ Une espèce X prédomine sur l'espèce Y dès que sa concentration est supérieure à celle de l'espèce Y : [X] > [Y].

▶ Le pK_a d'un couple, $HA_{(aq)}/A^-_{(aq)}$ est lié au pH de la solution par la relation :

$$pH = pK_a + \log\frac{[A^-]}{[HA]}$$

Si HA et A^- ont même concentration alors pH = pK_a.
Si HA prédomine sur A^-, soit $[HA] > [A^-]$, alors pH < pK_a.
Si A^- prédomine sur HA, soit $[A^-] > [HA]$, alors pH > pK_a.

▶ Diagramme de prédominance

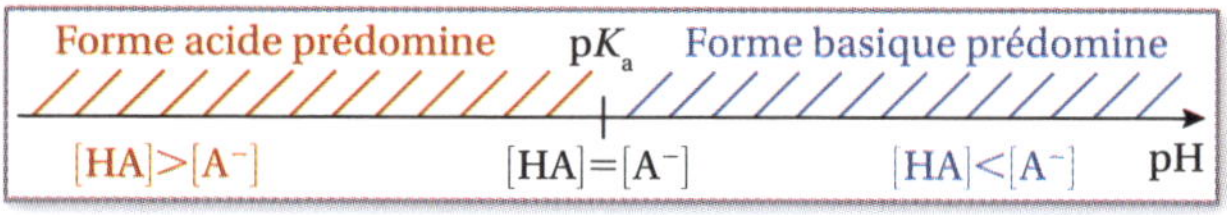

4 « Force » d'un acide ou d'une base

▶ Pour un acide faible de concentration donnée, plus la valeur de K_a du couple est grande (et donc plus le pK_a est faible), plus l'acide réagit avec l'eau, plus le pH est petit, plus l'acide est fort.

▶ Inversement, une base est d'autant plus forte que sa constante K_a est petite et son pK_a est grand.

▶ Plus l'acide d'un couple est fort, plus sa base conjuguée est faible.

MÉTHODE

Établir un diagramme de prédominance

L'acide acétylsalicylique ou aspirine $C_9H_8O_4$, noté HA, est l'acide conjugué de l'ion acétylsalicylate $C_9H_7O_4^-$ noté A^-. Le pK_a de ce couple vaut 3,5 à 37 °C. À cette température le pH est égal à environ 1,5 dans l'estomac, 6,0 dans le duodénum et 7,4 dans le sang. Quelle est l'espèce prédominante dans l'estomac, le duodénum et dans le sang ?

SOLUTION

pK_a = 3,5 alors si pH < 3,5 c'est HA qui prédomine et si pH > 3,5 alors c'est A^- qui prédomine.

Dans l'estomac, à pH = 1,5 (1,5 < pK_a) c'est la forme acide HA qui prédomine, en revanche dans le sang et dans le duodénum c'est la base conjuguée A^- qui prédomine (pH > pK_a).

Contrôler le pH des solutions

30

QUIZ p. 65

RAPPELS DE COURS

1 L'effet tampon

▶ Une solution a un **effet tampon** lorsqu'une addition modérée d'acide ou de base, ou une dilution modérée, n'entraîne qu'une faible variation de son pH.

▶ Une **solution tampon** contient à la fois un acide faible et sa base conjuguée en concentrations voisines ; le pH **contrôlé** est alors proche du pK_a de ce couple. Pour un **mélange équimolaire** d'un acide faible et de sa base conjuguée le pH est égal au pK_a du couple. Son pouvoir tampon est alors **maximal.**

▶ Il existe trois méthodes de préparation d'une telle solution. Par le mélange :

- d'une même quantité de matière d'un acide faible HA et de sa base conjuguée A^- ;
- d'un acide faible et un peu de base forte (dans des proportions où le pH du mélange sera voisin de pK_a) : $HA + HO^- \rightarrow A^- + H_2O$;
- d'une base faible et un peu d'acide fort (dans des proportions où le pH du mélange sera voisin de pK_a) : $A^- + H_3O^+ \rightarrow HA + H_2O$.

Le pH d'une telle solution et toujours égal à :

$$pH = pK_a + \log\frac{[A^-]}{[HA]}$$

2 Exemples

▶ La présence dans la même molécule de deux groupements antagonistes, l'un acide —COOH, l'autre basique $-NH_2$, confère des propriétés particulières aux **acides α-aminés.**

$-NH_2$ est susceptible de capter un proton pour donner $-NH_3^+$ et —COOH de céder un proton pour donner $-COO^-$. Ils ont un caractère amphotère.

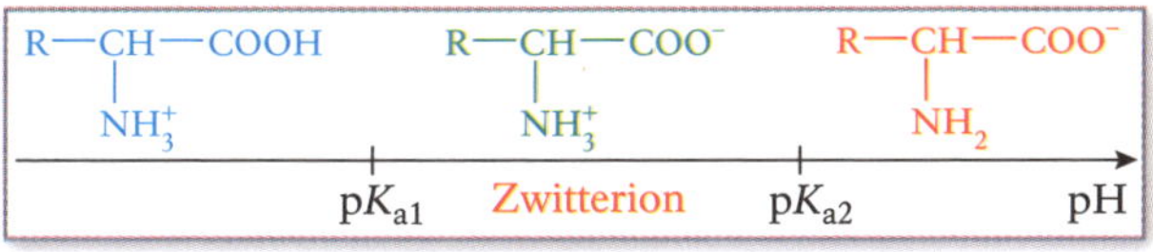

Le pouvoir tampon des acides aminés est maximal quand le pH ambiant est proche de la valeur de pK_{a1} ou pK_{a2}.
Les polypeptides et les protéines sont, par conséquent, des substances amphotères et ont également des pouvoirs tampon.

▶ Le **pH du sang** est voisin de 7,4. Le couple tampon sanguin le plus important est : dioxyde de carbone dissous/ion hydrogénocarbonate, $CO_2, H_2O_{(aq)}$ / $HCO_{3(aq)}^-$ de pK_{a1} = 6,4.

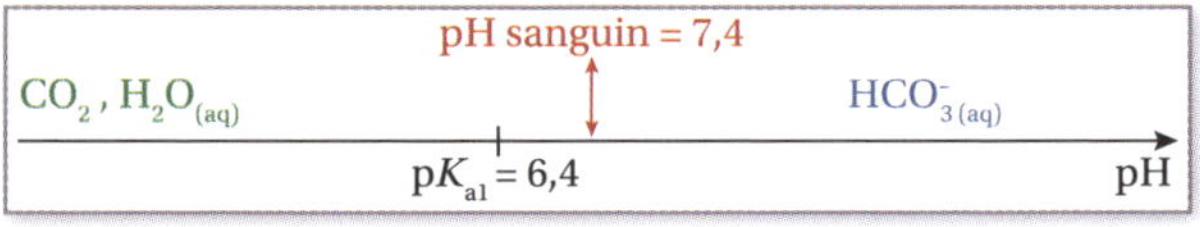

L'ajout d'un acide fort (ions H_3O^+) produit la réaction $HCO_3^- + H_3O^+ \rightarrow CO_2 + 2H_2O$, tout se passe comme si l'acide fort était remplacé par un acide faible.
L'ajout d'une base forte (ions HO^-) produit la réaction $CO_2, H_2O + HO^- \rightarrow HCO_3^- + H_2O$, tout se passe comme si la base forte était remplacée par une base faible.
Le pH est à peine modifié par l'ajout d'un acide ou d'une base. Les couples tampon ne peuvent toutefois pas résister à un apport massif d'acide, les organes régulateurs interviennent alors (rein, poumons).

MÉTHODE

Réguler un pH

On souhaite réaliser une réaction enzymatique dans un milieu tamponné à pH = 7,4. À l'aide des pK_a de l'acide phosphorique (H_3PO_4), indiquer quel couple permet de réguler ce pH. Justifier la réponse.
Données : pK_1(H_3PO_4 / $H_2PO_4^-$) = 2,15 ;
pK_2($H_2PO_4^-$ / HPO_4^{2-}) = 7,2 ; pK_3(HPO_4^{2-} / PO_4^{3-}) = 12,3.

SOLUTION

Le diagramme de prédominance de H_3PO_4 est :

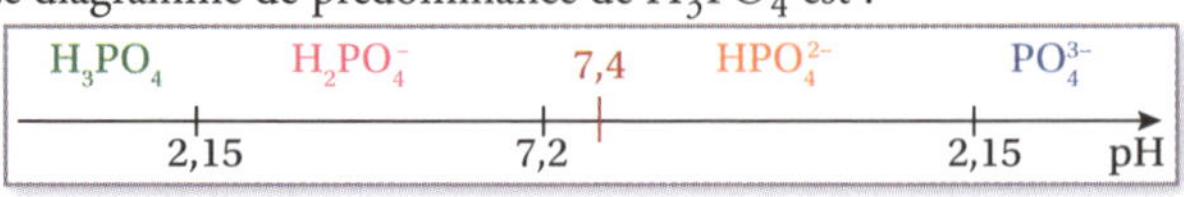

Le pH cherché est proche de pK_2, on utilise le couple $H_2PO_4^-$ / HPO_4^{2-} car à pH = 7,2, ces deux espèces sont en concentrations égales, elles forment une solution tampon.

Quiz express 31

Cochez la ou les bonnes réponses.

Réaction chimique par échange de protons

1 *Le pH d'une solution*

La valeur du pH d'une solution d'acide faible de concentration 10^{-3} mol · L^{-1} est :

- ☐ **a.** égale à 3
- ☐ **b.** égale à –3
- ☐ **c.** inférieure à 3
- ☐ **d.** supérieure à 3.

2 *L'effet de la dilution sur le pH*

Une solution d'acide fort a un pH égal à 3. On la dilue 100 fois. Le pH de la solution obtenue est :

- ☐ **a.** égal à 5
- ☐ **b.** inférieur à 3
- ☐ **c.** supérieur à 3
- ☐ **d.** ne varie pas.

3 *L'étude d'un diagramme de prédominance*

On donne le diagramme de prédominance de l'alanine :

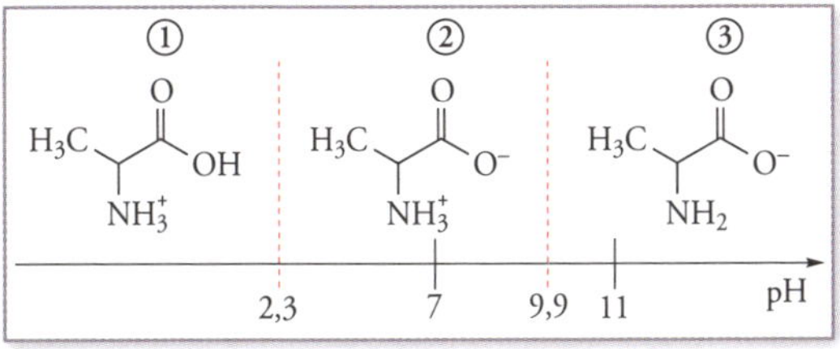

- ☐ **a.** L'alanine existe sous la forme de deux couples acide/base dont les pK_a sont 2,3 et 11.
- ☐ **b.** L'alanine sous la forme 2 est une espèce amphotère.
- ☐ **c.** À pH = 11, l'espèce prédominante de l'alanine est la forme 3.

4 *Le choix d'une solution tampon*

Lors d'un dosage particulier, on doit maintenir le pH autour de 7. Quel couple pourra être utilisé pour maintenir ce pH ?

- ☐ **a.** NH_4^+/NH_3 ; $pK_a = 9,2$
- ☐ **b.** $H_2PO_4^-/HPO_4^{2-}$; $pK_a = 7,2$
- ☐ **c.** $CO_2,H_2O_{(aq)}$ / $HCO_{3(aq)}^-$; $pK_a = 6,4$

Corrigés

Score : ... / 4

1 Le pH d'une solution

Fiche 28

Réponse d.

Pour un acide fort de même concentration $pH = -\log(c) = 3$. Ici l'acide est faible, il ne réagit pas totalement avec l'eau ; il produit moins d'ions H_3O^+ qu'un acide fort donc son pH sera moins acide donc supérieur à celui d'un acide fort. La valeur du pH d'une solution d'acide faible de concentration $10^{-3}\ mol \cdot L^{-1}$ est supérieure à 3.

2 L'effet de la dilution sur le pH

Fiche 27

Réponses a. et c.

Une solution d'acide fort a un pH égal à 3. On la dilue 100 fois. : $pH = -\log(c/100) = -\log(c) + 2 = 5$. Le pH de la solution obtenue est 5.

3 L'étude d'un diagramme de prédominance

Fiche 29

a. Faux.

L'alanine existe sous la forme de deux couples acide/base dont les pK_a sont 2,3 et 9,9, d'après le diagramme de prédominance.

b. Vrai.

L'alanine sous la forme 2 est une espèce amphotère car elle participe à deux couples acide/base où elle a un rôle de base dans le premier et un rôle d'acide dans le second.

c. Vrai.

À $pH = 11$, on est dans le domaine de prédominance de la forme 3 de l'alanine.

4 Le choix d'une solution tampon

Fiche 30

Réponse b.

Une solution tampon contient à la fois un acide faible et sa base conjuguée en concentrations voisines, le pH est alors proche du pK_a de ce couple. Lors de ce dosage il faudra donc utiliser le couple $H_2PO_4^- / HPO_4^{2-}$ de $pK_a = 7,2$ pour maintenir le pH autour de 7.

Appliquer les principes de la chimie verte

32

QUIZ p. 71

RAPPELS DE COURS

1 Développement durable

▶ L'expression « **développement durable** » a été définie en **1987** dans le rapport de la Commission mondiale sur l'environnement et le développement ; sa définition est la suivante : « Le développement durable est un développement qui répond aux besoins du présent sans compromettre la capacité des générations futures de répondre aux leurs ».

▶ En 1990, la promulgation de la loi de prévention de la pollution par les États-Unis marque un tournant décisif pour l'industrie, et notamment l'industrie chimique : plutôt que de traiter les déchets industriels produits, l'objectif est dorénavant de modifier les procédés pour prévenir la pollution. C'est ainsi que le concept de **chimie verte** est né.

2 Principes de la chimie verte

▶ En 1991, l'*U.S. Environmental Protection Agency* en donne cette **définition** : « La chimie verte a pour but de concevoir des produits et des procédés chimiques permettant de réduire ou d'éliminer l'utilisation et la synthèse de substances dangereuses. »

▶ Des chimistes américains ont alors développé **12 principes** de sa mise en œuvre.

1. Prévenir : la réduction de la production de déchets est préférable à l'investissement dans leur assainissement ou leur élimination.
2. Avoir recours à l'économie d'atomes : le but est de concevoir des synthèses optimisant l'incorporation au cours du procédé des matériaux utilisés dans le produit final.
3. Utiliser des synthèses chimiques moins nocives pour l'homme et l'environnement.
4. Concevoir des produits chimiques moins dangereux.
5. Utiliser des solvants et auxiliaires plus sécuritaires.
6. Améliorer les rendements énergétiques.
7. Utiliser des matières premières renouvelables.

8. Réduire les quantités de sous-produits obtenus ; limiter voire éliminer l'utilisation d'agents bloquants qui agissent sur la protection/déprotection de fonctions chimiques par exemple.
9. Utiliser des catalyseurs : favoriser les synthèses utilisant les réactifs catalytiques les plus sélectifs.
10. Concevoir des substances non persistantes.

EXEMPLE Le dichlorodiphényltrichloroéthane (DDT) a été utilisé massivement dans les années 1940 dans la lutte contre le paludisme. Cependant ses propriétés physico-chimiques en font un polluant organique persistant. Son usage est aujourd'hui très réglementé.

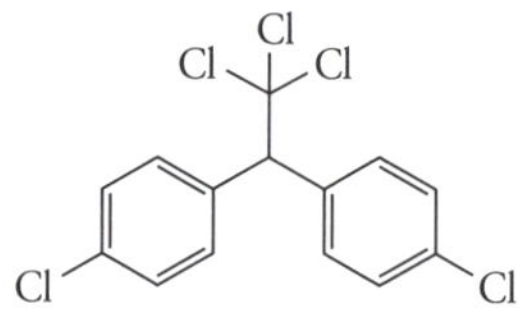

11. Lutter en temps réel contre la pollution. Surveiller, contrôler en cours de production l'apparition de substances dangereuses.
12. Mettre en œuvre une chimie sécuritaire afin de prévenir les accidents.

▶ La chimie verte a connu depuis un **développement mondial** considérable dans pratiquement tous les domaines de recherche.

MÉTHODE

Analyser un texte

« La mise au point du procédé catalytique d'obtention de l'ibuprofène au début des années 1990 a permis l'élimination totale des déchets que générait sa synthèse en six étapes durant les années 1960. À l'époque, la production de 13 000 tonnes de cet anti-inflammatoire engendrait 20 000 tonnes de déchets ! »

1. Relever dans ce texte ce qui détermine la mise en œuvre de la chimie verte dans la synthèse de ce médicament.
2. Quels en sont les principes respectés ?

SOLUTION

1. La catalyse est ici déterminante !
2. Les principes de la chimie verte 1, 2, 3, 6, 8 et 9 sont respectés.

Économiser les atomes et réduire les déchets

33

QUIZ p. 71

RAPPELS DE COURS

1 L'économie atomique

▶ L'**économie atomique** ou utilisation atomique (UA) est le rapport de la masse molaire du produit recherché sur la somme des masses molaires de tous les produits apparaissant dans l'équation de la réaction.

▶ Pour l'équation A + B → C + D + E, l'économie atomique pour le produit C est :

$$UA = \frac{M_c}{M_c + M_D + M_E} \text{ ou } UA = \frac{M_c}{M_A + M_B}$$

soit

$$UA = \frac{M_{(\text{produit recherché})}}{\sum_f M_{(\text{produit } f)}} = \frac{M_{(\text{produit recherché})}}{\sum_i M_{(\text{réactif } i)}}$$

▶ L'économie atomique est le pourcentage en masse des atomes de réactifs intégrés dans le produit recherché. Le reste des atomes forme des déchets à traiter en recyclage ou à détruire, ce qui occasionne un impact environnemental et financier.

Plus l'utilisation atomique est proche de 100 %, plus le procédé d'obtention du produit souhaité est efficace.

2 Le facteur E

▶ Le **facteur *E*** est le rapport entre la masse des déchets et la masse du produit recherché :

$$E = \frac{\sum_j M_{(\text{déchet } j)}}{M_{(\text{produit recherché})}} \text{ d'où } UA = \frac{1}{1+E}$$

▶ Plus le facteur *E* est **proche de zéro**, plus le procédé d'obtention du produit souhaité est efficace.

Le facteur *E* montre que la chimie pharmaceutique génère des quantités de déchets très importantes dues à la complexité des produits synthétisés.

3 *Respecter l'environnement*

▶ Recherchant le type de réaction **réduisant** ou supprimant les **déchets**. Les réactions d'addition et de réarrangement (pas de déchets) permettent une bonne économie d'atomes par rapport aux réactions de substitution ou d'élimination (génération de produits secondaires).

▶ **Catalyser** les réactions afin d'augmenter la sélectivité (obtenir moins de sous-produits) et de réduire la consommation d'énergie. Son intérêt économique et environnemental en fait un pilier de la chimie verte.

▶ Utiliser des **réactifs verts** non toxiques pour l'homme et l'environnement. Choisir un solvant « vert », l'eau étant le meilleur des solvants. Le CO_2, renouvelable, bon marché, non inflammable, est également un bon candidat.

▶ Recycler pour réduire le **volume des déchets** et contribuer à **préserver les ressources naturelles**.

▶ L'**écobilan** consiste à analyser les étapes de la « vie » d'un produit, de sa production à son élimination, selon quatre paramètres : énergie consommée, pollution de l'air, pollution de l'eau et masse des déchets produits énergétique et environnemental. Il permet de juger de la pertinence du recyclage considéré.

MÉTHODE

Interpréter des données

La synthèse du $C_6H_5 - COCH_3$ s'effectue par oxydation de son alcool selon deux procédés.
Procédé (1) par l'oxyde de chrome : $UA = 42$ %.
Procédé (2) catalytique : $UA = 87$ %.
Interpréter et commenter ces valeurs.

SOLUTION

Le procédé catalytique (2) utilise 87 % des atomes des réactifs contre 42 % pour le procédé (1). Il est donc plus efficace et produit moins de déchets, ce qui est un plus financièrement et environnementalement.

Quiz express

Cocher la ou les bonnes réponses

34

Apport de la chimie au respect de l'environnement

1 *L'économie d'énergie*

Pour économiser l'énergie lors d'une synthèse, on peut :

- ☐ **a.** utiliser des catalyseurs
- ☐ **b.** produire moins de déchets
- ☐ **c.** concevoir des procédés avec moins d'étapes

2 *La réduction des déchets*

Pour produire le moins de déchets possible lors d'une synthèse, il est préférable de réaliser une réaction :

☐ **a.** de substitution ☐ **b.** d'addition ☐ **c.** d'élimination

3 *Le calcul de l'économie d'atome et du facteur E*

L'isocyanate peut être obtenu de deux manières : le procédé historique (1) au phosgène et le procédé Monsanto (2) sans phosgène.

(1) $CH_3{-}NH_2 + \underset{\text{phosgène}}{COCl_2} \rightarrow \underset{\text{isocyanate}}{CH_3{-}N{=}C{=}O} + 2HCl$

(2) $CH_3{-}NH_2 + CO_2 \rightarrow CH_3{-}N{=}C{=}O + H_2O$

Masses molaires ($g \cdot mol^{-1}$) :

$M(CH_3{-}NH_2) = 31$; $M(COCl_2) = 99$; $M(CH_3{-}N{=}C{=}O) = 57$; $M(CO_2) = 44$; $M(HCl) = 36{,}5$; $M(H_2O) = 18$.

- ☐ **a.** L'économie d'atomes pour le procédé 1 est égale à 1,3.
- ☐ **b.** L'économie d'atomes pour le procédé 2 est égale à 0,76.
- ☐ **c.** Le facteur E pour le procédé 1 est $E = 0{,}50$.
- ☐ **d.** Le facteur E pour le procédé 2 est $E = 0{,}32$.

4 *Comparer deux procédés de synthèse*

Concernant les deux procédés décrits dans l'exercice 3 :

- ☐ **a.** Le procédé 2 produit plus de déchets qu'il faut séparer puis traiter pour les recycler ou les détruire, avec un impact environnemental et financier important.
- ☐ **b.** Le procédé 1 est plus efficace, il y aura moins de retraitement de déchets par rapport au procédé 2.
- ☐ **c.** Le CO_2 est valorisé dans le procédé 2.

Corrigés !

Score : ... / 4

1 *L'économie d'énergie*

Fiche 33

Réponses a., b. et c. Pour économiser l'énergie lors d'une synthèse, on peut utiliser des catalyseurs qui accélèrent la réaction, produire moins de déchets donc moins de retraitement mais aussi concevoir des procédés avec moins d'étapes (moins coûteux en temps en énergie).

2 *La réduction des déchets*

Fiche 33

Réponse b. Pour produire le moins de déchets possible lors d'une synthèse, il est préférable de réaliser une réaction d'addition qui conduit à un seul produit, celui attendu.

3 *Le calcul de l'économie d'atome et du facteur E*

Fiche 33

a. Faux. $UA(1) = \dfrac{M(\text{RNCO})}{M(\text{RNH}_2) + M(\text{COCl}_2)} = \dfrac{57}{31+99} = 0,44.$

b. Vrai. $UA(2) = \dfrac{M(\text{RNCO})}{M(\text{RNH}_2) + M(\text{CO}_2)} = \dfrac{57}{31+44} = 0,76.$

c. Faux. $E(1) = \dfrac{2M(\text{HCl})}{M(\text{RCNO})} = \dfrac{2 \times 36,5}{57} = 1,3.$

d. Vrai. $E(2) = \dfrac{M(\text{H}_2\text{O})}{M(\text{RCNO})} = \dfrac{18}{57} = 0,32.$

4 *Comparer deux procédés de synthèse*

Fiche 33

a. Faux. Pour la réaction (1), seuls 44 % en masse des atomes de réactifs sont incorporés dans le produit final. Les 56 % qui restent constituent des déchets. Dans la réaction (2), 76 % des atomes des réactifs sont réutilisés dans le produit final, les déchets en constituent 24 %. C'est le procédé 2 le plus efficace qui produit moins de déchets.

b. Faux. Un procédé est d'autant plus efficace que son facteur E est proche de 0. Pour la réaction (2), $E = 0,32$. De plus, il se forme de l'eau c'est-à-dire un produit vert par excellence alors que dans le procédé (1), il faut éliminer HCl.

Le procédé (2) présente donc plusieurs avantages et une meilleure efficacité avec la formation d'un déchet vert. Dans cette réaction, le phosgène très toxique est remplacé par CO_2, non toxique. Ce procédé permet également au fabricant de réduire ses dépenses grâce à la diminution de la quantité de déchets.

c. Vrai. Le dioxyde de carbone est ici utilisé comme réactif, c'est donc une valorisation possible du CO_2.

Doser par étalonnage

35

QUIZ p. 81

RAPPELS DE COURS

1 Préparer des solutions étalons

▶ On prépare, par **dilution** d'une solution de l'espèce X de concentration connue, appelée **solution mère**, différentes solutions, appelées **solutions filles** ou solutions étalon.

▶ Au cours de ces dilutions, la quantité de matière de soluté est conservée, soit $n_{\text{mère}} = n_{\text{fille}}$ d'où $c_{\text{mère}} V_{\text{mère}} = c_{\text{fille}} V_{\text{fille}}$.

▶ Le **facteur de dilution** f caractérise la dilution réalisée : $f = \frac{C_{\text{mère}}}{C_{\text{fille}}} = \frac{V_{\text{fille}}}{V_{\text{mère}}}$. Diluer 10 fois signifie que le facteur de dilution est égal à 10. On dilue alors au dixième.

▶ Un **matériel de précision** est indispensable pour réaliser une dilution ; il comprend :
– une pipette jaugée pour prélever le volume $V_{\text{mère}}$;
– une fiole jaugée de volume V_{fille}.

Le rapport $\frac{V_{\text{fiole}}}{V_{\text{pipette}}}$ doit être égal au facteur de dilution.

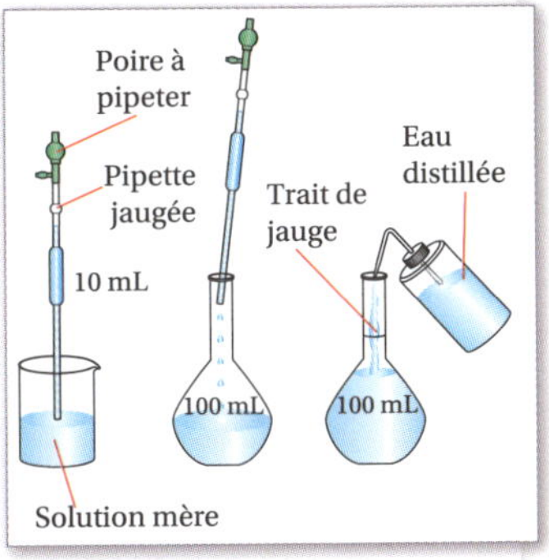

2 Établir et exploiter la courbe d'étalonnage

▶ Pour les différentes solutions étalon de l'espèce X, de concentrations connues, on mesure une **grandeur physique** G (absorbance, conductivité…) liée directement à la concentration de X.

▶ On trace alors la courbe d'évolution de G en fonction de la concentration [X], appelée **courbe d'étalonnage.**

▶ L'exploitation de cette courbe permet de déterminer une concentration à partir de la mesure de G de la solution inconnue.

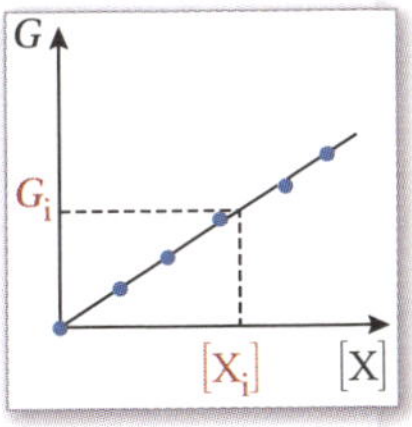

3 *Dosage par spectrophotométrie*

▶ Pour une longueur d'onde donnée, le spectrophotomètre mesure l'**absorbance A** de la solution contenue dans sa cuve. Celle-ci dépend directement de la concentration de l'espèce absorbante X selon la relation : $A = k[X]$.
Pour obtenir la valeur de [X] avec une **précision maximale**, il faut travailler à la longueur d'onde maximale λ_{max} du signal d'absorbance. On la détermine à partir du spectre d'absorption de l'espèce à doser mais aussi à partir de ceux des autres espèces présentes susceptibles d'absorber.
Il faut s'assurer qu'à cette longueur d'onde choisie, seule l'espèce à doser absorbe car $A = A_i + A_j$.

▶ Pour **étalonner** le spectrophotomètre, une solution de référence est utilisée dont l'absorbance constitue le « zéro ». La solution de référence est généralement le solvant dans lequel est dissoute l'espèce X à analyser.

▶ On mesure l'absorbance de chaque solution étalon pour tracer la courbe d'étalonnage $A = f([X])$; on obtient une droite passant par l'origine.
Pour **déterminer la concentration** inconnue d'une solution, on mesure son absorbance A_i. La valeur obtenue est reportée sur la courbe d'étalonnage permettant la lecture de la concentration recherchée $[X_i]$.

MÉTHODE

Déterminer une concentration

Pour contrôler la concentration en permanganate de potassium d'un antiseptique, un dosage par étalonnage est réalisé. La modélisation de la courbe d'étalonnage obtenue donne $A = 2\,212{,}7\ c$. Le spectrophotomètre est réglé sur la longueur d'onde 530 nm. L'absorbance mesurée pour l'antiseptique est 0,13.
Déterminer la concentration en permanganate de l'antiseptique.

SOLUTION

$A = 2\,212{,}7\ c$. Pour $A = 0{,}13$, la concentration en permanganate est $c = \dfrac{0{,}13}{2\,122{,}7} = 6{,}1 \times 10^{-5}\ \text{mol} \cdot \text{L}^{-1}$.
En reportant sur la courbe la valeur 0,13, on doit retrouver la même valeur $c = 6{,}1 \times 10^{-5}\ \text{mol} \cdot \text{L}^{-1}$.

Doser par titrage direct

36

QUIZ p. 81

RAPPELS DE COURS

1 Principe du dosage direct

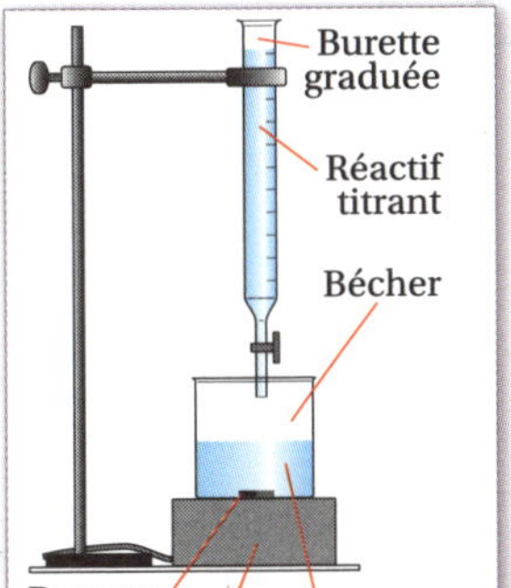

▶ Lors d'un titrage direct, une réaction chimique se produit entre le **réactif titré**, placé dans un bécher, et le **réactif titrant** de concentration connue placée dans une burette graduée.

▶ La **réaction chimique** du titrage, appelée réaction support du dosage, doit être totale, rapide et unique, c'est-à-dire non perturbée par des réactions parasites créant d'autres produits.

2 Équivalence d'un titrage

▶ **Avant l'équivalence,** le réactif titré présent dans le bécher consomme tout le réactif titrant versé, on dit que le réactif titrant est limitant.

▶ **À l'équivalence** du titrage, le mélange des deux réactifs est stœchiométrique. Les deux réactifs ont été consommés, ils sont limitants. La connaissance de V_E, **volume de solution titrante versée,** de concentration c_1, dans une prise d'essai de solution à titrer de volume V_2, permet de déterminer la concentration c_2 de l'espèce à titrer.

▶ **Après l'équivalence**, le réactif titré a disparu. On ajoute en excès le réactif titrant qui ne réagit plus. Le réactif titré devient alors limitant.

EXEMPLE Titrage de l'eau oxygénée par du permanganate de potassium. L'équation de la réaction s'écrit :

$$2\,MnO_4{}^-{}_{(aq)} + 5\,H_2O_{2(aq)} + 6\,H^+{}_{(aq)} \rightarrow 2\,Mn^{2+}{}_{(aq)} + 5\,O_{2(g)} + 8\,H_2O_{(\ell)}$$

$$n(MnO_4^-)_0 = c_1V_E \text{ et } n(H_2O_2)_0 = c_2V_2.$$

Les deux réactifs sont totalement consommés à l'équivalence, on a $c_1V_E - 2x_{max} = 0$ et $c_2V_2 - 5x_{max} = 0$ soit $c_1V_E = 2x_{max}$ et $c_2V_2 = 5x_{max}$ d'où, en égalisant les valeurs de x_{max}, $\frac{c_1V_E}{2} = \frac{c_2V_2}{5}$.
On en déduit alors la concentration de la solution à titrer c_2.

3 Repérer l'équivalence d'un titrage

▶ Le **repérage de l'équivalence** s'effectue en suivant l'évolution d'une observable, comme le changement de teinte :
– d'une des deux solutions titrante ou titrée ;
– d'un indicateur, versé initialement dans le bécher.
Le titrage est alors qualifié de **colorimétrique**. Au passage à l'équivalence, on doit observer ce changement de couleur à la goutte près, pour une bonne précision.

▶ L'**observable** peut être une grandeur physique dont on suit l'évolution (pH, conductivité…). À l'équivalence, on note une **variation marquée** de cette grandeur, on déduit alors V_E (→ FICHES 37 ET 38).

MÉTHODE

Traduire l'équivalence d'un dosage

On dose le diiode présent dans un volume V de solution d'antiseptique par une solution de thiosulfate de sodium de concentration c_{thio}. La réaction support du dosage s'écrit :

$I_{2(aq)} + 2\ S_2O_3^{2-}{}_{(aq)} \rightarrow 2\ I^-{}_{(aq)} + S_4O_6^{2-}{}_{(aq)}$

Données : couples mis en jeu : I_2 / I^- (jaune/incolore) et $S_4O_6^{2-} / S_2O_3^{2-}$ (incolore/incolore).

Établir la relation entre V, c la concentration en diiode de l'antiseptique, c_{thio} et V_E le volume de thiosulfate versé à l'équivalence.

SOLUTION

$I_{2(aq)} + 2\ S_2O_3^{2-}{}_{(aq)} \rightarrow 2\ I^-{}_{(aq)} + S_4O_6^{2-}{}_{(aq)}$.

$n(I_2)_0 = cV$ et $n(S_2O_3^{2-})_0 = c_{thio}V_E$.

À l'équivalence, les deux réactifs sont totalement consommés, on a $cV - x_{max} = 0$ et $c_{thio}V_E - 2x_{max} = 0$

d'où $cV = \frac{c_{thio}V_E}{2}$ soit $c = \frac{c_{thio}V_E}{2V}$.

Quiz express

Cochez la ou les bonnes réponses.

39

Contrôle de la qualité par dosage

1 Le dosage direct par pH-métrie

On dose un volume $V_1 = 30$ mL d'une solution aqueuse d'acide méthanoïque de concentration c_1, par une solution d'hydroxyde de sodium de concentration $c_2 = 1{,}0 \times 10^{-1}$ mol · L^{-1}. Au cours du dosage, on suit l'évolution du pH du milieu en fonction du volume V_b de solution d'hydroxyde de sodium versée.

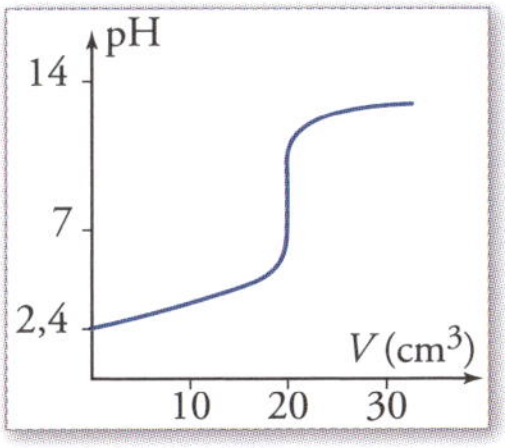

☐ **a.** Le volume équivalent est égal à 20 mL

☐ **b.** La concentration de la solution d'acide méthanoïque est $1{,}5 \times 10^{-1}$ mol · L^{-1}

2 Le dosage colorimétrique

On peut également réaliser un dosage colorimétrique de cet acide méthanoïque grâce à un indicateur coloré : la phénolphtaléine. La zone de virage de la phénolphtaléine est comprise entre 8 et 10. La teinte acide est incolore, la teinte basique est rose. Au cours du dosage, l'indicateur va virer :

☐ **a.** du rose à l'incolore ☐ **b.** de l'incolore au rose

3 Le dosage direct par conductimétrie

On veut déterminer la concentration en acide chlorhydrique d'un détartrant. Pour cela, on dilue 200 fois ce détartrant. On prélève $V = 100$ mL de la solution diluée S obtenue, on ajoute tout en agitant une solution d'hydroxyde de sodium de concentration $9{,}6 \times 10^{-2}$ mol · L^{-1}. On mesure la conductivité de la solution et on obtient le graphe ci-contre.

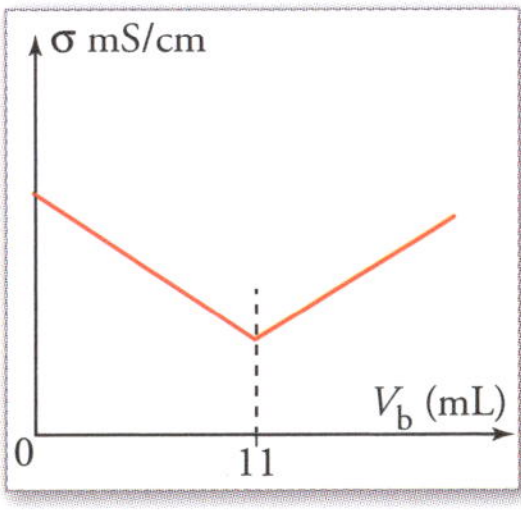

☐ **a.** Le volume versé à l'équivalence est supérieur à 11 mL.

☐ **b.** La concentration du détartrant est 2,2 mol · L^{-1}.

Corrigés

Score : … / 3

1 *Le dosage direct par pH-métrie*

Fiche 38

a. Vrai.

Le volume équivalent est égal à 20 mL. Par la méthode des tangentes on détermine le point équivalent, se situant dans la brusque variation de pH.

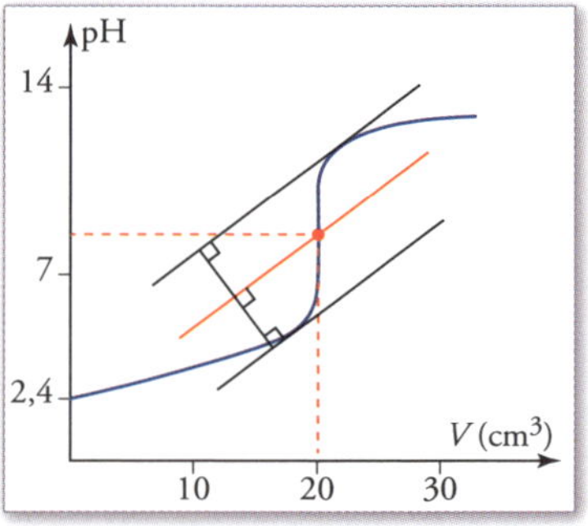

b. Faux.

À l'équivalence, les réactifs sont totalement consommés et d'après la réaction :

$HA + HO^- \rightarrow A^- + H_2O$, pour atteindre l'équivalence il faut donc ajouter autant d'ions hydroxyde que de molécules d'acide éthanoïque initialement présentes : $n(HA)_i = n(HO^-)_E$ soit $c_1V_1 = c_2V_E$

d'où $c_1 = \dfrac{c_2V_E}{V_1} = \dfrac{1,0 \times 10^{-1} \times 20}{30} = 6,7 \times 10^{-2} \text{mol} \cdot \text{L}^{-1}$.

2 *Le dosage colorimétrique*

Fiche 36

Réponse b.

À l'équivalence le pH passe brutalement d'un milieu acide à un milieu basique, ($pH_E > 7$, environ 8). La phénolphtaléine va donc virer de l'incolore au rose.

3 *Le dosage direct par conductimétrie*

Fiche 37

a. Faux.

Le volume versé à l'équivalence est $V_E = 11$ mL ; à l'équivalence la conductivité est minimale.

b. Vrai.

L'équation de la réaction s'écrit : $H_3O^+ + HO^- \rightarrow 2H_2O$.

À L'équivalence $n(H_3O^+)_i = n(HO^-)_E$ soit $c_1V_1 = c_2V_E$

d'où $c_1 = \dfrac{c_2V_E}{V_1} = \dfrac{9,6 \times 10^{-2} \times 11}{100} = 1,1 \times 10^{-2} \text{mol} \cdot \text{L}^{-1}$.

La concentration de la solution diluée de détartrant est donc de $1,1 \times 10^{-2}$ mol · L^{-1}. Le détartrant est 200 fois plus concentré soit $1,1 \times 10^{-2} \times 200 = 2,2$ mol · L^{-1}.

Choisir une stratégie de synthèse

40

QUIZ p. 89

RAPPELS DE COURS

1 Paramètres expérimentaux d'une synthèse organique

▶ Les réactifs sont choisis en fonction de leur nature, leurs proportions nécessaires pour optimiser le rendement expérimental, la durée de réaction…
Les réactifs secondaires et éventuellement les conditions expérimentales particulières (solvant, température, temps de réaction…) sont mentionnés sur la flèche de l'équation de la réaction.

▶ Le choix du **solvant** est capital. Sa polarité ou non s'avère déterminante pour le mécanisme réactionnel et le rendement global.

▶ Un **catalyseur** permet une synthèse plus rapide, en moins d'étapes et plus sélective. Une réaction catalysée se révèle plus économique, en temps, en énergie et en traitements.

▶ La **température** et la **pression** sont des facteurs influençant la cinétique et le rendement d'une réaction. Mais, leur emploi est énergivore et nécessite une mise en œuvre plus lourde.

2 Déterminer le rendement d'une synthèse

▶ Il faut calculer les **quantités de matière** de réactifs introduites initialement pour identifier le réactif limitant.
On détermine une quantité de matière n (en mol) :

• à partir d'une masse de réactif solide avec $n = \frac{m}{M}$; m masse en g et M masse molaire en $g \cdot mol^{-1}$;

• à partir d'un volume de réactif liquide connaissant le densité ou la masse volumique ρ : $d = \frac{\rho_{liq}}{\rho_{eau}}$ avec $\rho_{eau} = 1\ g \cdot mL^{-1}$ et $\rho = \frac{m}{V}$

d'où $n = \frac{m}{M} = \frac{\rho V}{M}$ avec ρ en $g \cdot mL^{-1}$, V en mL et M masse molaire en $g \cdot mol^{-1}$.

▶ À partir de l'équation de la réaction et des quantités connues de réactifs on identifie le **réactif limitant** et on détermine la valeur de l'**avancement maximal** x_{max}.

▶ À partir de l'équation de la réaction et de x_{max}, on calcule alors la quantité maximale de produit formé soit la quantité maximale théorique que l'on devrait obtenir.

▶ Le **rendement** global expérimental est le rapport entre la masse expérimentale de produit obtenu et la masse théorique de produit correspondant à un rendement de 100 % (elle est toujours calculée à partir du réactif limitant initial) :

$$r = \frac{\text{masse de produit obtenu}}{\text{masse de produit théorique}} = \frac{m_{exp}}{m_{théorique}} = \frac{n_{exp}}{n_{théorique}}$$

où n_{exp} et $n_{théorique}$ représentent les quantités de matière.

MÉTHODE

Calculer un rendement

Au cours d'un protocole expérimental non décrit ici, on synthétise 6,90 g de 2-méthylbut-2-ène par déshydratation de 25,0 mL de 2-méthylbutan-2-ol en milieu acide suivant la réaction :

$$C_5H_{11}-OH \rightarrow C_5H_{10} + H_2O.$$

Déterminer le rendement de cette synthèse.

	2-méthylbutan-2-ol	2-méthylbut-2-ène
Densité	0,806	0,66
Masse molaire ($g \cdot mol^{-1}$)	88,0	70,0

SOLUTION

On détermine la quantité de matière initiale de réactif. Ce réactif est liquide et on connait sa densité donc on connait sa masse volumique $\rho = d\,\rho_{eau}$ avec $\rho_{eau} = 1\ g \cdot mL^{-1}$ d'où :

$$n = \frac{m}{M} = \frac{\rho V}{M} = \frac{0,806 \times 25,0}{88,0} = 2,29 \times 10^{-1}\ \text{mol}.$$

D'après l'équation de la réaction : 1 mol d'alcool donne 1 mol d'alcène, on devrait donc obtenir au maximum $2,29 \times 10^{-1}$ mol d'alcène soit une masse $m_{théorique} = nM$

$m_{théorique} = 2,29 \times 10^{-1} \times 70,0 = 16,0$ g.

Le rendement est $r = \frac{m_{exp}}{m_{théorique}} = \frac{6,90}{16,0} = 0,431$ soit 43,1 %.

Réaliser une synthèse au laboratoire 41

QUIZ p. 89

RAPPELS DE COURS

1 *Montage de synthèse*

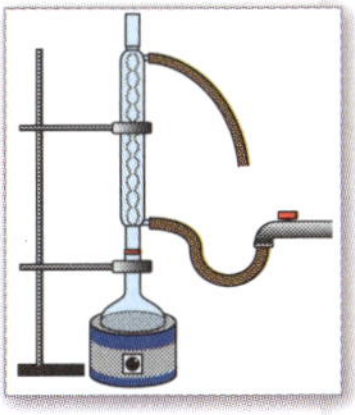

Le **montage à reflux** permet de chauffer les réactifs liquides ou dissous dans un solvant pendant une longue durée. Les espèces devenues gazeuses se condensent dans le réfrigérant vertical et refluent à l'état liquide dans le ballon afin d'éviter toute perte de matière.

2 *Isoler, purifier le produit synthétisé*

En fin de réaction, il faut isoler le produit recherché de toutes les autres espèces présentes et éliminer le solvant. Il existe plusieurs méthodes.

A L'extraction liquide-liquide

▶ L'ampoule à décanter sert à extraire une espèce A dissoute dans un solvant S_1. Pour cela, on utilise un solvant extracteur S_2, non miscible avec S_1, dans lequel A est plus soluble (→ RABATS, III).

▶ La position des phases dépend de leur densité, la phase la moins dense correspond à la phase supérieure.

▶ Lorsque l'on cherche à isoler le produit formé dans le solvant S_2, on parle **d'extraction**.

▶ Lorsque l'on veut éliminer une espèce autre que le produit de la phase S_1, on parle de **lavage** de S_1 par le solvant S_2.
Afin d'éliminer toute trace d'eau, on sèche souvent la phase organique récupérée avec le sulfate de magnésium anhydre.

B La filtration

▶ Lorsqu'on veut éliminer de petites quantités de solide en suspension dans un liquide, on réalise une filtration classique ou une filtration sous vide, plus rapide et plus efficace (→ RABATS, IV).

C La purification par recristallisation

On choisit un solvant dans lequel le produit A synthétisé est soluble à chaud et insoluble à froid. A étant insoluble à froid, il recristallise au fur et à mesure que la température baisse.

D La purification par distillation

On sépare deux liquides miscibles dont les températures d'ébullition sont différentes (une différence d'au moins 15 à 20 °C). Les vapeurs formées montent dans la colonne à distiller, elles contiennent essentiellement le liquide dont la température d'ébullition est la plus basse. Elles se condensent dans le tube réfrigérant grâce à la circulation d'eau froide. On obtient à la sortie le distillat.

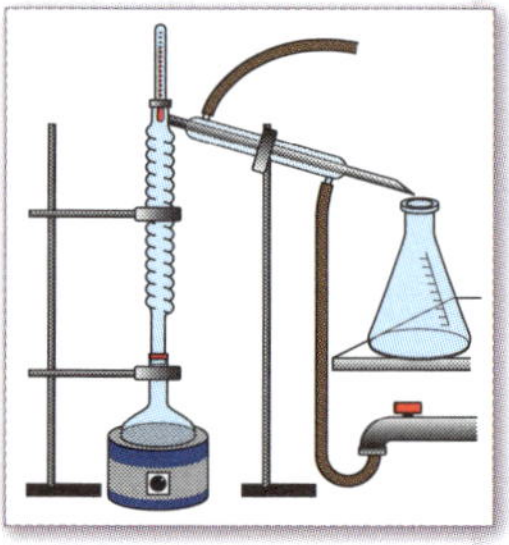

3 *Valider le produit synthétisé*

Plusieurs méthodes d'analyse existent.

▶ On peut déterminer certaines **caractéristiques physiques** du produit obtenu comme la température de changement d'état, la densité…

▶ La **chromatographie** permet d'identifier une espèce synthétisée et de vérifier sa pureté.

▶ On peut également réaliser les **spectres infrarouge et RMN** du produit synthétisé pour confirmer la structure du produit formé.

MÉTHODE

Analyser un produit synthétisé

La benzocaïne est synthétisée à partir de l'acide 4-aminobenzoïque et de l'éthanol. On effectue une chromatographie sur couche mince. Le solide synthétisé est-il pur ?

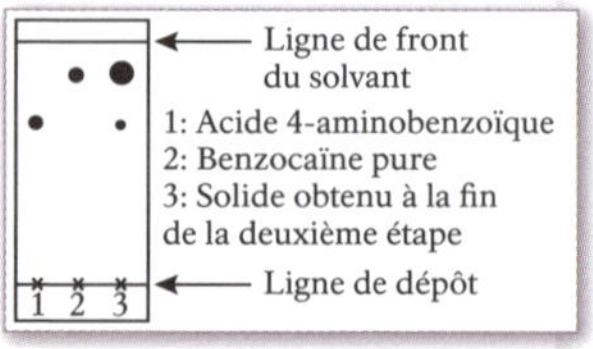

SOLUTION

Le chromatogramme présente deux taches pour le solide 3 : une tache à la même hauteur que celle de la benzocaïne 2 et une autre à la même hauteur que le réactif de départ 1. Donc le solide contient majoritairement de la benzocaïne, il n'est pas pur.

Choisir un réactif, protéger des fonctions

42

QUIZ p. 89

RAPPELS DE COURS

1 *Chimiosélectivité*

Réaliser une réaction chimique sur un groupe caractéristique choisi d'une molécule s'avère difficile. Aussi, est-il indispensable d'utiliser un réactif chimiosélectif qui attaque préférentiellement le site choisi.

EXEMPLE Une molécule possède un groupe ester et un groupe cétone. Le réactif $LiAlH_4$ réduit les deux groupes carbonyles alors que le réactif $NaBH_4$ ne réduit que le groupe cétone ; il est dit **chimiosélectif**.

2 *Protection d'une fonction*

Le but d'une protection est de préserver une fonction au cours d'une synthèse en l'empêchant de réagir. Les fonctions à préserver étant protégées, il est possible de modifier une autre partie de la molécule. Puis, on restaure la fonction protégée par déprotection. Les étapes de protection et de déprotection doivent avoir des rendements proches de 100 %.

3 *Synthèse sélective d'un peptide*

Contrôler la réactivité des groupes amine et acide carboxylique des acides α-aminés est essentiel pour la synthèse des peptides. La condensation de deux acides α-aminés peut conduire sans précaution à quatre dipeptides différents.

EXEMPLE Pour obtenir le dipeptide HglyAlaOH à partir de la glycine et de l'alanine, on bloque les groupes qui ne participent pas à la réaction et on active celui qui y contribue.

1. Blocage du groupe —COOH de l'alanine pour la formation du groupe ester, alors moins réactif que l'acide.

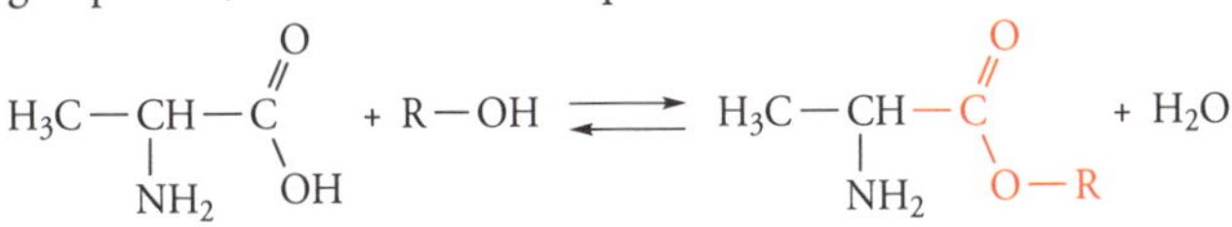

2. Blocage de la fonction amine $—NH_2$ de la glycine pour la formation d'un groupe amide pour diminuer sa réactivité.

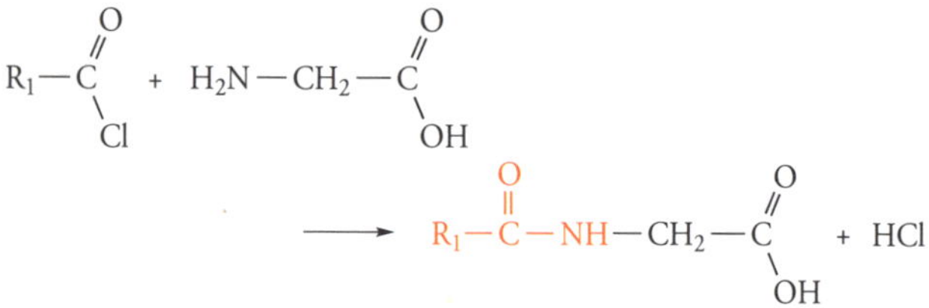

3. Activation du groupe —COOH de la glycine pour la formation d'un groupe –COCl plus réactif.

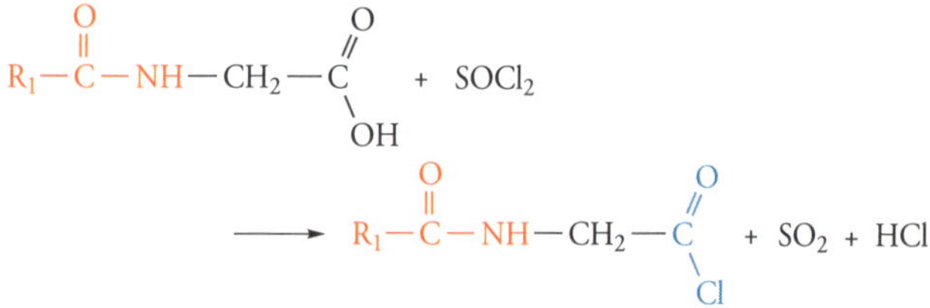

4. Formation de la liaison peptidique entre les deux réactifs.

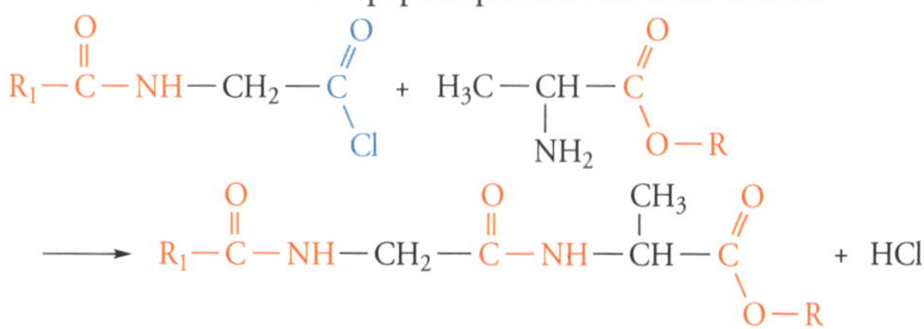

5. Une réaction d'hydrolyse permet ensuite la déprotection des groupes bloqués et la formation du dipeptide HglyAlaOH.

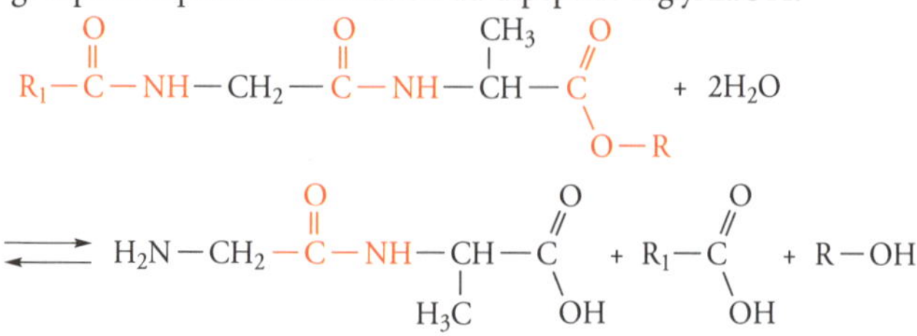

HGly-AlaOH

? **Quiz express** 43

Cochez la ou les bonnes réponses.

Synthétiser des molécules, fabriquer de nouveaux matériaux

1 *La synthèse au laboratoire*

On obtient un ester (C) à l'odeur de jasmin en estérifiant l'alcool benzylique (A) par l'acide éthanoïque (B).

$C_6H_5—CH_2—OH + H_3C—CO_2H \rightarrow H_3C—CO—O—CH_2—C_6H_5 + H_2O$

On porte à reflux 31,5 g d'acide et 20,8 g d'alcool. On obtient 12,0 g d'ester.

Données : $M(A) = 108$ g · mol^{-1} ; $M(B) = 60{,}0$ g · mol^{-1} ; $M(C) = 150$ g · mol^{-1}.

Quel est le montage utilisé dans cette synthèse ?

☐ **a.** le montage A ☐ **b.** le montage B ☐ **c.** le montage C

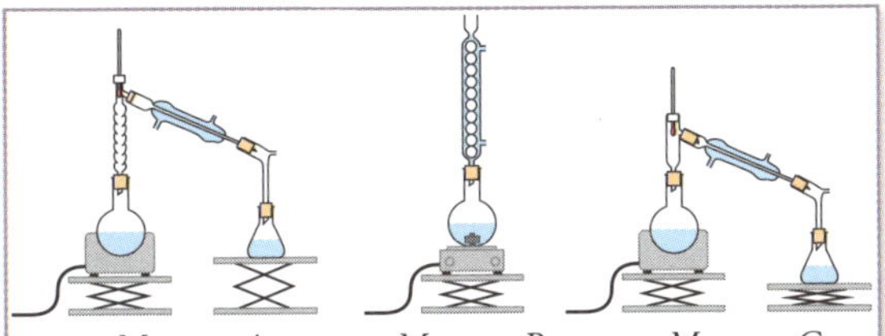

Montage A Montage B Montage C

2 *Le rendement d'une synthèse*

Quel est le rendement de la synthèse décrite à l'exercice 1 ?

☐ **a.** 15,2 % ☐ **b.** 41,5 % ☐ **c.** 100 %

3 *La chimiosélectivité*

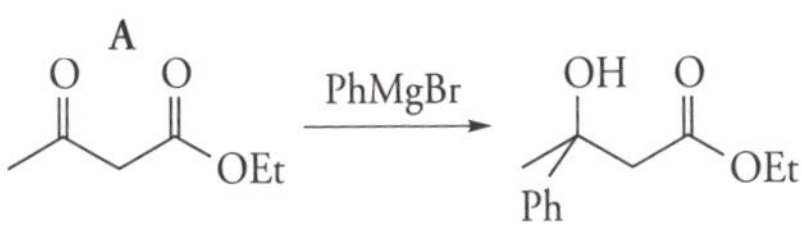

On fait réagir le réactif PhMgBr sur le composé A possédant un groupe cétone et un groupe ester.

Le groupe caractéristique le plus réactif est :

☐ **a.** le groupe cétone ☐ **b.** le groupe ester

☐ **c.** les deux groupes ont la même réactivité

Corrigés

Score : … / 3

1 La synthèse au laboratoire

Fiches 40 et 41

Réponse b.

Le montage utilisé dans cette synthèse est un montage à reflux : le ballon doit être muni d'un réfrigérant droit.

2 Le rendement d'une synthèse

Fiche 40

Réponse b.

On détermine les quantités de matière de chaque réactif :

$$n_{\text{acide}} = \frac{m}{M} = \frac{31{,}5}{60{,}0} = 5{,}25 \times 10^{-1}\ \text{mol}$$

et $n_{\text{alcool}} = \frac{m}{M} = \frac{20{,}8}{108} = 1{,}93 \times 10^{-1}\ \text{mol}$.

Les réactifs réagissent mol à mol d'après l'équation de la réaction donc l'alcool est le réactif limitant.

La quantité maximale d'ester que l'on peut obtenir est donc $m_{\text{ester}} = nM$ $\quad m_{\text{ester}} = 1{,}93 \times 10^{-1} \times 150 = 28{,}9$ g d'ester.

Le rendement est donc $r = \frac{m_{\text{exp}}}{m_{\textit{théorique}}} = \frac{12{,}0}{28{,}9} = 0{,}415$ soit un rendement de 41,5 %.

3 La chimiosélectivité

Fiche 42

Réponse a.

On fait réagir le réactif PhMgBr sur le composé A possédant un groupe cétone et un groupe ester.

On constate que le groupe ester n'est pas modifié, seul le groupe cétone réagit. Le groupe caractéristique le plus réactif est donc le groupe cétone.

Comprendre la notion d'incertitude 44

QUIZ p. 95

RAPPELS DE COURS

1 Intervalle de confiance

▶ Lorsque l'on mesure une grandeur et que l'on en donne un résultat numérique, il est indispensable d'estimer la « confiance » à accorder à ce résultat.
Cette confiance s'évalue grâce à l'incertitude absolue ou à l'incertitude relative. On peut alors donner un **encadrement** avec un bon niveau de confiance.

▶ Cet encadrement s'appelle l'**intervalle de confiance** dans lequel on estime que la valeur vraie se trouve.

2 Erreurs de mesures

▶ L'**erreur systématique** prend toujours la même valeur sur chaque mesure répétée. Cette erreur affecte toujours le résultat dans le même sens.
EXEMPLE Défaut d'étalonnage (du pH-mètre, du conductimètre…) ; défaut de calibrage, de zéro de l'appareil, erreur de méthode…
Plus l'erreur systématique est petite plus la justesse de la mesure est grande.

▶ L'**erreur aléatoire** prend des valeurs différentes à chaque mesure. D'une mesure à l'autre, la valeur obtenue peut être surévaluée ou sous-évaluée par rapport à la valeur réelle.
EXEMPLE Erreur de lecture, erreur due aux conditions extérieures (température, humidité…), temps de réaction pour déclencher le chronomètre.
Plus les erreurs aléatoires sont petites plus la fidélité de la mesure est grande.

▶ La **répétition des mesures** peut atténuer l'erreur aléatoire mais pas l'erreur systématique. On ne peut obtenir la valeur vraie du fait des erreurs aléatoire et systématique.

▶ Différence entre **fidélité** et **justesse** d'une mesure.

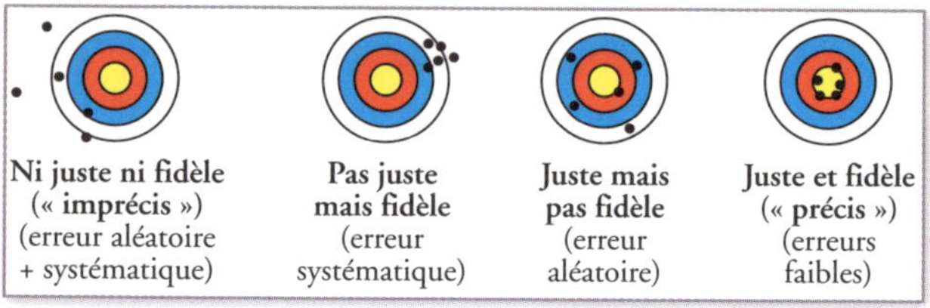

3 *Notion d'incertitude*

Dans la plupart des cas on ne possède pas de valeur vraie de référence. Néanmoins, on peut évaluer l'« erreur » maximale commise, appelée **incertitude**.

L'incertitude de mesure est notée U (de l'anglais « *uncertainty* »).

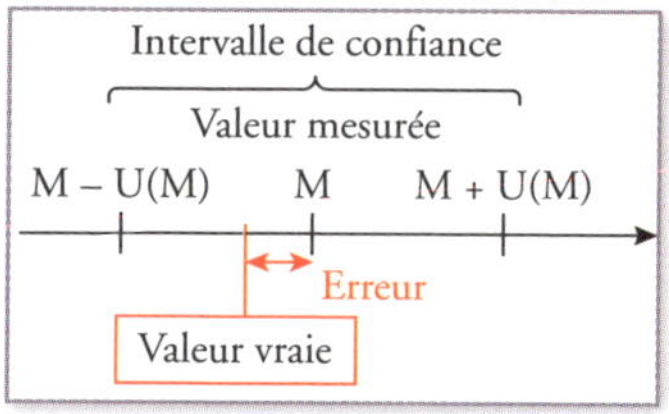

A Incertitude absolue

Toute mesure M est entachée d'une incertitude notée $U(M)$.

On recherche une estimation de $U(M)$ telle que la valeur que l'on cherche à mesurer (grandeur en général inconnue) soit comprise dans l'intervalle $[M - U(M) ; M + U(M)]$ soit $M \pm U(M)$.

L'incertitude sera arrondie à la valeur supérieure avec au plus **2 chiffres significatifs**. La valeur mesurée M et l'incertitude sont exprimées avec le même nombre de décimales.

B Incertitude relative

La précision d'une mesure est caractérisée par l'incertitude relative, rapport de l'incertitude absolue et de la valeur estimée de M (souvent exprimée en %) : $\dfrac{U(M)}{M}$.

Plus la précision d'une mesure est grande, plus $\dfrac{U(M)}{M}$ est petit.

Si $\dfrac{U(M)}{M} \times 100 \leqslant 1$ %, alors la mesure est de bonne qualité.

Évaluer une incertitude

45

QUIZ p. 95

RAPPELS DE COURS

1 Traitement d'une série de mesures

Lorsqu'on réalise plusieurs fois la mesure d'une grandeur M, les résultats sont dispersés (à cause de l'existence d'erreurs aléatoires). Pour obtenir une estimation de cette grandeur, on répète des mesures indépendantes (sans influence les unes sur les autres). On dispose d'un échantillon de n mesures M_1, M_2,…, M_n. On utilise des notions de statistiques pour analyser les résultats.

A Moyenne et écart type

La **moyenne M_{moy}** est le meilleur estimateur des n mesures indépendantes. **L'écart-type σ_{n-1}** mesure la dispersion des mesures autour de la valeur moyenne. La dispersion est d'autant plus grande que l'écart-type est grand.

$$M_{moy} = \overline{m} = \frac{\sum_{k=1}^{n} m_k}{n} \quad \text{et} \quad \sigma_{n-1} = \sqrt{\frac{\sum_{k=1}^{n} (m_k - \overline{m})^2}{n-1}}$$

On utilisera la calculatrice ou un tableur pour obtenir la moyenne et l'écart-type.

B Incertitude de répétabilité

▶ Cette incertitude dépend du nombre n de mesures indépendantes réalisées, de l'écart type de la série de mesures et d'un coefficient k appelé **facteur d'élargissement**.

$$U(M) = k \times \frac{\sigma_{n-1}}{\sqrt{n}}$$

Ce facteur k dépend du nombre de mesures réalisées et du niveau de confiance choisi. Sa valeur sera donnée, elle est issue des lois statistiques (loi de Student) :

n	5	6	8	10	12
k 95 %	2,78	2,57	2,37	2,26	2,20
k 99 %	4,60	4,03	3,50	3,25	3,11

On exprime le résultat de la mesure par $M = M_{moy} \pm U(M)$ unité (à 95 %).

▶ Ainsi, un grand nombre de mesures diminue légèrement la dispersion (en diminuant légèrement l'écart-type σ_{n-1}) et améliore considérablement la **précision du résultat** (en diminuant l'incertitude dans le rapport $\frac{1}{\sqrt{n}}$).

2 Évaluer une incertitude sur une valeur unique

▶ L'incertitude d'une mesure unique conjugue des **sources d'erreurs** liées :

- à l'instrument de mesure lui-même (données par le fabricant) ;
- à l'expérimentateur sur l'appréciation de la façon dont la mesure a été faite.

▶ Lorsque la mesure est obtenue sur une **échelle graduée**, pour un niveau de confiance à 95 %, l'incertitude de la mesure liée à la lecture est estimée à $U_{lecture} = \frac{2 \text{ graduations}}{\sqrt{12}}$.

EXEMPLE Un thermomètre est gradué au degré Celsius, l'incertitude sur une mesure unique est $U_{lecture}(\theta) = \frac{2 \times 1}{\sqrt{12}} = 0,58$ °C.

▶ Lorsque la mesure est obtenue avec **un appareil** pour lequel le constructeur indique la tolérance t (notée $\pm t$), l'incertitude liée à la tolérance de cet appareil est estimée à $U = \frac{2t}{\sqrt{3}}$.

EXEMPLE Une pipette jaugée de 10,0 mL de classe A a une tolérance de ± 0,02 mL. L'incertitude sur la mesure du volume V liée à la tolérance est $U_{tolérance}(V) = \frac{2 \times 0,02}{\sqrt{3}} = 0,023$ mL.

▶ Lorsque l'incertitude est liée à **plusieurs sources d'erreurs**, il faut prendre en compte toutes les sources d'erreurs et estimer l'incertitude pour chacune. Une formule sera donnée pour calculer l'incertitude absolue de la mesure M.

EXEMPLE L'incertitude sur la valeur d'un volume sur une pipette graduée est $U(V) = \sqrt{(U_{lecture})^2 + (U_{tolérance})^2}$.

Quiz express

Cochez la ou les bonnes réponses.

Incertitudes de mesure

1 Calculer une incertitude

Au cours d'un titrage, des élèves déterminent la concentration en ions hydrogénocarbonate d'une eau minérale.
Ils obtiennent le résultat suivant : $c = 370 \pm 5\ \text{mg} \cdot \text{L}^{-1}$. Sur l'étiquette on peut lire une concentration de 360 mg/L en ions hydrogénocarbonate.
L'incertitude relative est égale à :

☐ **a.** $\frac{5}{360} \times 100 = 1{,}4\ \%$

☐ **b.** $\frac{370 - 360}{360} \times 100 = 2{,}8\ \%$

☐ **c.** $\frac{5}{370} \times 100 = 1{,}4\ \%$

2 Exprimer un résultat

Par titrage on détermine la masse d'aspirine contenue dans un sachet de 100 mg d'aspirine. On détermine également l'incertitude sur la masse obtenue. Le résultat correct de m_{exp} est :

☐ **a.** $m_{exp} = 98{,}6 \pm 1{,}98$ mg

☐ **b.** $m_{exp} = 99 \pm 2$ mg

☐ **c.** $m_{exp} = 98{,}6 \pm 2{,}0$ mg

3 Le traitement d'une série de mesure

On mesure le pH d'une solution à l'aide d'un pH-mètre étalonné. On recommence la même mesure après avoir de nouveau étalonné le pH-mètre. Les résultats sont rassemblés dans le tableau ci-dessous :

Mesure n°	1	2	3	4	5	6	7	8
pH mesuré	7,03	6,98	6,88	7,12	6,99	7,00	6,87	7,04

☐ **a.** La valeur moyenne du pH mesuré est 7,00.

☐ **b.** L'écart type $\sigma(n-1)$ est égal à 0,083.

☐ **c.** L'incertitude élargie pour 8 mesures et pour un niveau de confiance à 95 % est $U(\text{pH}) = \frac{k \times \sigma_{(n-1)}}{\sqrt{n}} = \frac{2{,}27 \times \sigma_{(n-1)}}{\sqrt{8}}$ soit $U(\text{pH}) = 0{,}067$.

☐ **d.** Le résultat s'écrit pH = 6,99 ± 0,067.

Corrigés !

Score : … / 3

1 Calculer une incertitude

Fiche 44

Réponse c. Le résultat fourni $c = 370 \pm 5\ \text{mg} \cdot \text{L}^{-1}$ soit $U(C) = 5\ \text{mg} \cdot \text{L}^{-1}$.

L'incertitude relative est égale à

$$\frac{U(C)}{C_{exp}} = \frac{5}{370} \times 100 = 1{,}4\%.$$

2 Exprimer un résultat

Fiche 44

Réponses b. et c. Le résultat correct est soit $m_{exp} = 98{,}6 \pm 2{,}0$ mg car l'incertitude est au dixième comme la valeur trouvée soit $m_{exp} = 99 \pm 2$ mg ; dans les deux cas le résultat est cohérent. Pour choisir entre les deux il faudrait regarder si on a deux ou trois chiffres significatifs pour les données. Le cas a est incorrect car l'incertitude ne peut être plus précise que la valeur.

3 Le traitement d'une série de mesure

Fiche 45

a. Faux. La valeur moyenne du pH mesuré est

$$\text{pH}_{moy} = \overline{\text{pH}} = \frac{\sum_{k=1}^{8} \text{pH}_k}{8} = 6{,}99.$$

b. Vrai. L'écart type $\sigma_{(n-1)}$ est égal à :

$$\sigma_{(n-1)} = \sqrt{\frac{\sum_{k=1}^{n} (\text{pH}_k - \overline{\text{pH}})^2}{8-1}} = 0{,}083.$$

c. Vrai. L'incertitude élargie pour 8 mesures et pour un niveau de confiance à 95 % est $U(\text{pH}) = \dfrac{k \times \sigma_{(n-1)}}{\sqrt{n}} = \dfrac{2{,}27 \times \sigma_{(n-1)}}{\sqrt{8}}$ soit $U(\text{pH}) = 0{,}066$ sans arrondi.

d. Faux. Le résultat s'écrit : $\text{pH} = 6{,}99 \pm 0{,}07$ car l'incertitude ne peut être plus précise que la valeur mesurée et on arrondi alors à une valeur en excès pour l'incertitude.

Achevé d'imprimer par L.E.G.O. S.p.A. – Italie
Dépôt légal : 98601-7/01 – décembre 2014